JN034045

子供に子供の美術を

松岡宏明

三元社

まえがき

子供に子供の美術を。

本書のタイトルは、私が長く子供の美術にかかわるなかで抱くことになった願いをぎゅっと凝縮したものです。ここで言う「子供の美術」とは、子供が描いたり、つくったりするもの、さらにその行為そのもの、つまり子供が「美術すること」まるごと全部を指しています。本当の子供の美術は、子供固有の世界観に満ちていて、子供たちが自分らしく伸び伸びと「今」を生きるために、また成長していくために欠かせない、大切な営みです。このタイトルには、子供たちにそういう本来の子供の美術をしっかり提供していこう、という思いを込めました。「子供に子供のための美術を」と言ってもいいかもしれません。

子供の美術とは、具体的にはどんなものなのか、「いわゆる大人」が考える美術や、芸術家と呼ばれる人々がつくる美術と何が違うのか、そして、なぜ子供には子供の美術が必要なのか、保育・教育の観点から、読者のみなさんとともに探究していきたいと思います。

本書における「子供」とは、概ね小学校二年生までの子供たちを指します。みなさんのなかには、そんな小さな子供たちが描いたり、つくったりするものを「美術」と呼ぶことに違和感をもつ方もいらっしゃるかもしれません。保育所や幼稚園、こども園では「造形」、小学校では「図画工作」という言葉をあてますが、本書のタイトルには、あえて「美術」を使いました。子供たちが描いたり、つくったりするものを「美術」ととらえることで、「いわゆる大人」が、子供たちの造形活動に対する認識を新たにできると考えるからです。私は、子供の造形に対する無理解には、「いわゆる大人」たちのなかにある「美術」に対する誤解が関係していると考えています。

前著『子供の世界 子供の造形』では、子供の美術の固有性を浮かび上がらせ、その世界観を保障し、受容していくことの大切さを説きました。本書では、子供の美術に保育者・初等教育者が指導者としてどうかかわっていけばいいのか、もう少し具体的な実践方法に軸足を移して述べていきます。ただし、はじめにお断りしておきますが、書いてあるとおりに実践すれば上手くいく、そんな「魔法の美術教育法!」などといったものはどこにもありません。本書において私は、「答え」ではなく、考えるねうちのある「問い」を提供したいと考えています。

園や小学校におけるいろいろな実例、また、私が大学で保育者・初等教育者を目指す学生に向けておこなっている授業などもたくさん紹介していきます。これらの実例をとおしてさまざまな角度から考えていくことによって、子供たちのための教育のあり方、さらには保育者・初等教育者自身が美術とどのようにかかわっていけばいいのかも、きっと見えてくるはずです。

子供の美術は子供の美術。だからこそ、子供に子供の美術を。

本書を、保育・教育を学ぶ学生のみなさんに、現場の先生方に（若い先生のみならずベテランの先生にも）、そして保育者や初等教育者を養成している大学等の先生方、さらに子供にかかわる多くの方々にも役立てていただきたいと考えています。本書が子供たちの幸せな日々につながると信じ、心を込めて語っていきます。最後までのお付き合いを、どうぞよろしくお願いいたします。

もくじ

3 子供の美術のすすめ方……82

4 子供の美術と鑑賞……132

プロローグ
衝撃

私は、二十年、私立幼稚園に勤務しておりますが、短大を卒業してから毎月、毎学期、毎年同じ行事がくり返され、当たり前のように日々が過ぎていき、子供たちの「何が育つか」、「何のために」、「何につながるか」など考えることもなく、「毎年やっているから」、「やらなければならないから」と毎日をこなし、目の

です。それは現職園長の偽らざる告白とも呼べるもので、その内容は、私にとってまさに「衝撃」でした。

ご本人の了解を得て転載します。少し長くなりますが、ぜひ、読んでください。

＊　＊　＊

私は、大学で保育者や初等教育者の養成にたずさわっていて、大学院での講義や研究指導も担当しています。大学院生には、保育・教育の現場で働いている社会人の方々が大勢いらっしゃいます。

次の文章は、大学院生として私の講義を受けていた、ある幼稚園の園長先生が提出されたレポートの一部

前のことに追われ、大切なことを考えて保育を進める余裕もなく、「子供にとって」ではなく「自分自身の達成感」、「保護者の満足度」、「園に求められていること」が最優先される保育に疑問すら抱かなくなりました。

しかし、大学院に来ることで他園の取り組みや、現在の保育を知り、保育の学び直しをすることができました。現場を経験してきたからこそ納得できることや、難しさを感じることがたくさんありました。知れば知るほど自分の保育との差を実感してしまい、辛い時期もありました。

私自身が感じていた違和感のようなものを園の若い先生たちも感じていたようです。行事に向けての活動の比重が大きくなり、それらに日々追われてしまい、子供たちの気づきを見逃してしまったり、気づきを待てないことをくり返したりするなかで、これでいいのだろうかという疑問を三年目が過ぎた頃に感じるようです。今年度、退職を希望している職員から多く出た退職の理由が「造形活動について」でした。

私が勤務する園では年齢や発達に関係なく、行事ごとにクレヨンで経験した行事を描きます。しかし、三歳児に大人が考える「芋掘り」の絵を描くことはもちろん難しいです。自分の顔の、目、鼻、口などの位置関係も大人の考えるものとは違いがあります。それを理解して、一人一人の成長ととらえられればよいのですが、持ち帰った際に他児と差があってはいけないという理由から、三、四歳児に関しては保育者が見本を描きます。それでも模倣が難しい子供に対しては個別に対応し、「描かせる」のです。ですので、もちろん差はできません。同じ絵が二十五枚できあがるのです。個性も成長も感じられません。自由に腕や肘、指先を動かしてクレヨンの感触を楽しむことなどなく、大人のなかでの完成になるのです。

保護者は、持ち帰った絵画を見て、我が子が幼稚園に通うようになって絵が「上手くなった」と喜ぶのです。何に興味をもっているのか、何が育っているのか、何を強く感じたのかを読み取れないコピーのような絵を見て喜びます。画材も一年中クレヨンです。こうして年間十枚ほどの絵を綴って年度末に持ち帰ります。

今年度、松岡先生の講義を受けながら私自身、下を向いてしまうことが何度もありました。子供たちの何を育てたいかと日々考えながら、現実は絵画活動一つとっても芽を摘んでいるのです。「なぜ」と考えたときに、①長年やってきたことに疑問を持たず、振り返りをしなかった、②保護者に対して何が育っているのか、何が大切なのか自分自身が説明できなかった、③自分自身が子供の発達段階と造形活動を理解していなかった、などの理由がありました。

今回、先生の講義を受けて、自分だけでなく園全体の造形活動の見直しとカリキュラム作成をしていきたいと考え、三学期から、来年度に向けて、子供の造形を学ぶためのスライドを作成し、園内でカリキュラム作成の会議をおこなっています。まずは、自分自身も感じたように、多くの職員が違和感を感じている造形活動のカリキュラムを再考することから取りかかっていこうと思います。

＊　＊　＊

いかがでしょうか。この懺悔とさえ言える文章に、言いようのない悲しい気持ちが湧き上がってきます。

その後、実際にこの園長先生は、自らつくった園内研修用の資料を私に見せてくださいました。園のその後の保育には、なんらかの変化が訪れたはずです。子供たちの嬉しそうな顔が浮かんできます。

それでもやはり、その園を「造形活動」を理由に辞めていかれた若い先生たちのことを考えると、心が痛みます。真剣に子供のことを考えている先生ほど苦悩は大きかったはずです。現実とのギャップに耐えきれなくなったのだと思います。私のような、保育者・初等教育者を養成している身からしてもやるせない気持ちです。

同じような状況を、私は全国のあちこちで耳にしてはいました。しかし、こうして文章にして示されたことで、改めてその深刻さが衝撃的に突き刺さってきたのです。

この園長先生のレポートが、私が本書を執筆しようと考えた直接のきっかけです。

小さな子供たちへの教育については、近年、ますますその重要性がクローズアップされています。本書では、それを、子供たちの健やかな心の育ちに欠かすことができない、「美術」という具体的な活動から述べていこうと思います。

1

子供の美術へのまなざし

一章ではまず、子供の美術とはどのようなものか、子供の美術へのまなざしのあり方について述べていきます。保育者・初等教育者を含めた大人がいかに子供の美術を誤解しているかにも触れながら、八つに分けて議論しようと思います。

1・1　「描かない」は主体性ではない

保育・教育の場では、子供たちの主体性を大切にすべきだとされています。主体性とは、自分の意志や判断によって、自ら責任をもって行動する態度を指します。ならば、「絵を描かない」、「ものをつくらない」という態度も主体性の現れでしょうか。そんなことはありません。

あるこども園を訪問したときのことです。なんでもその園では、子供がしたいと思う遊びを尊重しているとのことでした。素晴らしいことだと感じました。「絵を描きたい子供には絵を描かせてあげますが、描こうとしない子に無理強いはしません」と主任の先生がおっしゃるので、私は「はい、無理強いするのは絶対にいけません」と述べ、心から納得していました。すると直後に、「ですので、一年の終わりに一枚も絵を持って帰らない子もいます」とおっしゃるのです。ここで「あれ?」と思いました。自信たっぷりのご様子でした。やりたい遊びをさせている、強制はしない。そのことで、子供の主体性を育てているとのこと。

もちろん、遊びを強制するなどは論外です。造形活動は、子供にとっては「遊び」です。先生が提案した造形活動でも、子供たちが自らやりたいと思う「遊び」に変換されていることが大切です。子供たちに絵を描かせて、描き終わった直後に「先生、遊びに行っていい?」などとたずねられてしまうようでは、笑い話にもなりません。

保育者は、子供がいろいろな活動に興味をもてるようにいざなっていくのがその使命のはずです。外遊びをしようとしない子供を、作戦を立てて誘い出す。歌を歌おうとしない子供を、その楽しさに引き込んで、「歌を歌うって楽しいものだな」と気づかせる。そのようにして表現や遊びをひろげてあげるのです。

園は、意図的・計画的な保育・教育をおこなうプロフェッショナルな営みの場です。時折、「保育は子守りだ」などと言う人がいますが、まったく保育を理解していない言葉です。子供たちを集めて、安全に預かっていればいいだけではないのです。また、その子が好きなことを好きなときに好きなようにだけさせる「放任」の場でもありません。

絵を描こうとしないのはその子の個性であって、やりたいことだけをやることが主体性の発露だと考え、そのまま卒園するまで絵を一枚も描かなくても良しとする。さらにはそれを多様性だとする。それは大きな勘違いです。身体を使った遊び、音の遊び、形や色を介した遊び、言葉の遊び、ごっこ遊び（保育の現場では、これらを「表現」と位置づけて、それぞれ身体表現、音楽表現、造形表現、言語表現、劇的表現と呼びます）など、それぞれには違った楽しさがあるのです。造形に関する遊びには、砂遊びや粘土遊び、積み木遊び、水遊び、絵の具遊びなど、たくさんあります。いろんな遊びに誘い込んで、どれも「楽しいね」というふうに、それぞれの子供のなかに楽しい経験を増やしてあげたいものです。楽しくなるようにしっかり計画を立て、準備して、導入に工夫を凝らして呼び込み、展開を魅力的なものにしていく。そして、活動の姿を受容し、賞賛していく。それが重要でしょう。

絵を描かない子供をそのままにしておくのは、野菜を食べない子供をそのままにしておくのと同じことです。ハンバーグが好きな子供に、「ハンバーグが好きなのがこの子の個性だからそれを大切にして、毎食、食べさせよう」とは誰も考えないはずです。他のものを食べるように促したり、工夫して調理したりするはずです。「いやいや、極論だ。それは身体の成長にかかわる問題だから、遊びと比較はできない」と言えるでしょうか。確かに好きな遊びをめいっぱいさせてあげることは重要です。そのことに異論はありません。しかし、いろいろな遊びを体験させてあげることが成長の基盤となります。工夫して野菜や魚を食べさせるのは、何も栄養だけを考えてのことではないはずです。いろいろなものをおいしく食べられる喜び、幸せにいざなっているのです。豊かな食文化の享受者を育てているとも言えます。遊びも同じです。一つ一つ味わった上で、そうしてそのなかから好きな遊びを見つけることが重要です。それでこそ、その子ならではの個性が磨かれるのです。

1・2 子供にとっての美術の大切さ

では、そもそもなぜ、小さな子供たちに絵を描かせたり、ものをつくらせたりするのでしょうか。「上手に」つくることができるようにするためでしょうか。いいえ、違います。

もちろん、ここで言う「つくらせる」とは、強要、強制して「つくらせる」という意味ではありません。「勧める、いざなう、促す」という意味での「つくらせる」です。「子供たちにつくることを提案し、子供たちが自ら『つくりたい！』という気持ちをもって何ものにも邪魔されることなくつくれるように、人的・物的環境を提供する」といった提案の意味での「つくらせる」です。

小さな子供が絵を描いたり、ものをつくったりすることなど、取るに足らないものだという意見があります。将来、画家になるわけでもデザイナーになるわけでもないのに、描いたり、つくったりする意味がどこにあるのか。そんなことに時間を費やすくらいなら、文字を覚えさせたり、計算ができるようにさせたりする方がよほど重要ではないのか。こういった考えが、「いわゆる大人」のなかに根強く巣くっています。

大人が絵を描いたり、つくったりしないことは問題ではありません。人はそれぞれ成長段階で、自分なりの表現方法を見つけていきます。歌や楽器などの音（楽）で表現する人、言葉で表現する人、演劇やダンス、スポーツなど身体で表す人、また、それらを鑑賞することをとおして自分の思いを表現する人（4・2参照）など、さまざまです。

では、小さな子供たちが絵を描いたり、ものをつくったりしないことは、なぜ問題なのでしょうか。確かに、子供が絵を描かない、ものをつくらないと、想像力や創造性が育たないということがあるでしょう。しかし、ここでは、それらについての議論はたくさんある他書に譲ることにします。それよりも、美術は、子供が、子供として、子供時代を、子供らしく過ごすことのできる活動ゆえに意義があるのだ、だから小さな子供が絵を描かない、ものをつくらないことは問題なのだということを主張したいと思います。

「美術すること」と「子供であること」は、以下の点において一致します（詳しくは前著『子供の世界 子供の造形』をご参照ください）。

①美術は自分と世界を一体化させる活動であり、子供はもともと自分と世界が分化していない。

②美術は五感を起動させる活動であり、子供はもともと全感覚を駆使して世界に挑んでいる。

③美術は概念から自由になる活動であり、子供はもともと概念に縛られていない。
④美術は体験に開いていく活動であり、子供はもともと何でもやってみたい気持ちに満ちている。
⑤美術は「今」という一瞬に溶け込む活動であり、子供はもともと「今」だけを生きている。

このように、「美術すること」と「子供であること」は大いに重なり合うのです。言い換えると、子供は、美術しているとき、子供でいられるわけです。「そのままの自分でいることができる」喜び。そういった安心感で満たされた環境が、子供の成長に不可欠であることは間違いありません。子供にとって大切な行為が保障されないという点で、描かない、つくらないというのは問題なのです。

「子供にとっての美術の大切さ」についての講義をおこなったあとの、ある女子学生のノートを紹介します。

　私は小さい頃から海の絵が好きで、図工などでもよく海に関係した作品をつくっていたが、それは単に海が好きという理由だけでなく、毎年、祖母のところへ行って、いとこや友達と一緒に遊ぶ時間や、匂い、音、すべてが好きだったから表現したいという気持ちになったのではないかと考えることができた。

この学生がかつて海を主題とした作品をくり返しつくっていたのは、五感を呼び覚まし、時間と空間という概念を超え、つくっている「今」に溶け込みながら、つくっている楽しさとあの時の嬉しさが一体化する心地よさを感じていたからに他なりません。

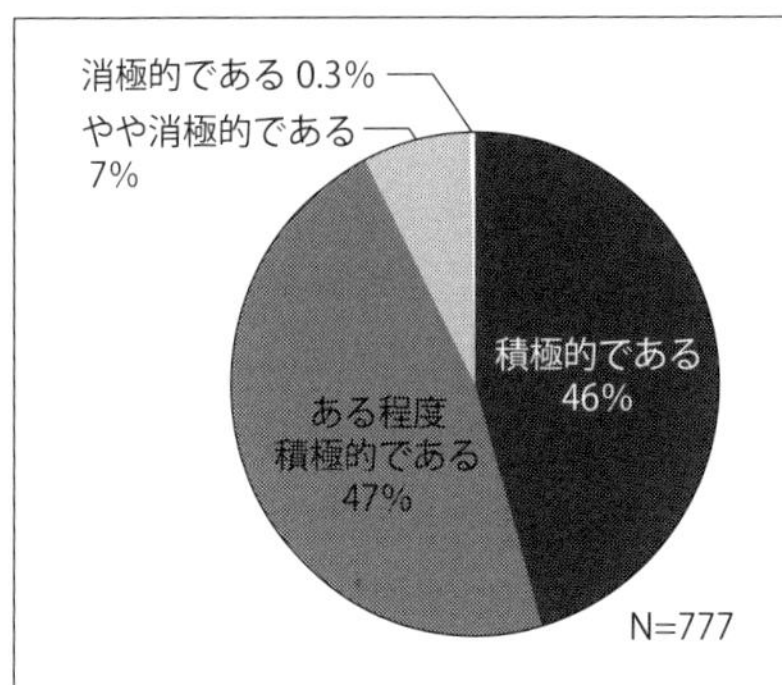

グラフ2　小学校・専科教員および全科教員の図画工作科指導への積極性

さすがですね。と言いますか、当然そうでしょう。

では、全科の先生（小学校は基本、すべての教科を教える全科の先生が大多数です。以下、全科教員）を含めるとどうなるでしょう。積極層は93%、消極層は7%となります。確かに比率は下がりますが、それでも約9割の先生は、積極的です。消極的な先生は1割に満たないというわけです（**グラフ2**）。

保育者の場合と比べてみると、一目瞭然、圧倒的な差があります。保育者の造形表現指導の積極層は約4割、小学校教員の図画工作科指導への積極層は約9割です。園における領域の一部である造形表現と、小学校における教科としての図画工作という異なる括りを比較することの妥当性や、調査形式の違い、時期の違い、母数の違い、回収方法・回収率の違いなど、比較の精度には限界があるにしても、この差は見過ごせない問題だと思われるのですが、いかがでしょうか。

小学校の図画工作科は、時間割のなかに位置づけられていますから、例え消極的な先生が1割いたとしても、描いたり、つくったりする時間は確保されます。やらないわけにはいかないのです。しかし保育所や幼稚園などには時間割はありません。先生が活動内容を主体的に設定できることが幼児教育のもっとも意義深いところの一つなのですが、一方で時間割がないことで、造形活動を提供しなくてもいい余地が存在します。造形表現指導に消極的な約6割の先生が、もし造形活動を避けているなら、たいへん大きな問題ということになります。

＊1　アンケート調査の詳しい内容は以下のとおり。「Ⅰ　調査対象者について」として、「年齢」、「勤務年数」、「取得免許状・資格」、「美術との関わり方」、「美術館等での鑑賞機会の頻度」の5項目、「Ⅱ　造形表現指導について」として、「幼児の造形への観点別注目度」、「幼児の造形についての判断における観点別自信度」、「造形表現指導への積極性」、「造形表現指導に対して消極的である理由」の4項目。配布総数518通、回収数506通（回収率98%）、有効回答数490通。

＊2　全都道府県公立小学校から児童数500～666名（ただし、専科教員の回答数を一定程度確保するために、専科教員の多い東京都のみ児童数200～1,200名）の3,773校を抽出（『全国学校総覧2014』より）し、調査用紙を送付。全都道府県から回答があり、回収数784通（回収率21%）、有効回答数777通。平成26・27・28・29年度科学研究費補助金基盤研究（B）（一般）（課題番号：26285204）「学校における美術鑑賞の授業モデルの拡充と普及についての実践的研究」（研究代表者：松岡宏明、研究分担者：赤木里香子、泉谷淑夫、大嶋彰、大橋功、萱のり子、新関伸也、藤田雅也）の一環として実施したもの。

補節1 保育者は、子供に美術を提供できている？

私は、2018年に、近畿、中国地方の保育者518名を対象として、造形表現指導に関するアンケート調査*[1] をおこないました。調査内容は大きく三つのパートに分かれています。本文に合わせながら、補節1〜3としてその結果を紹介していきます。

＊　＊　＊

1章第2節では、子供が美術に取り組むことの重要性を考えました。では、その教育を担うべき保育者は、子供に、その機会をじゅうぶんに提供できているでしょうか。

まずは、「造形表現指導への積極性」についてのアンケート結果です。造形表現指導に「積極的である」が4%（小数点第一位を四捨五入。以下、同じ）、「ある程度積極的である」が38%、「やや消極的である」が49%、「消極的である」が9%でした（**グラフ1**）。これを積極層（「積極的である」+「ある程度積極的である」）と消極層（「やや消極的である」+「消極的である」）で区分けすると、積極層が42%、消極層が58%ということになります。つまり消極層が積極層を上回るのです。

プロローグで紹介した園の様子からも、この結果に納得できてしまう方もいらっしゃるかもしれません。しかし私は、完全に認識を覆されました。保育者の方々が、造形表現指導の方法という点で迷いや困難を感じておられるのは実感していたのですが、おこなうこと自体に消極的な保育者が6割近くにのぼる結果になるとは思ってもみなかったからです。「保育所保育指針」や「幼稚園教育要領」の領域「表現」の内容には、「自由にかいたり、つくったりなどする」、また「かいたり、つくったりすることを楽しみ」と明記されています。制度的にも造形表現指導に消極的であっていいはずはないのです。

この積極性・消極性について、小学校の先生と比較してみましょう。少しさかのぼること、2015年の調査*[2] です。

まずは図画工作専科の先生（図画工作科を専門に教える先生。以下、専科教員）の結果です。積極層は98%、消極層は2%です。

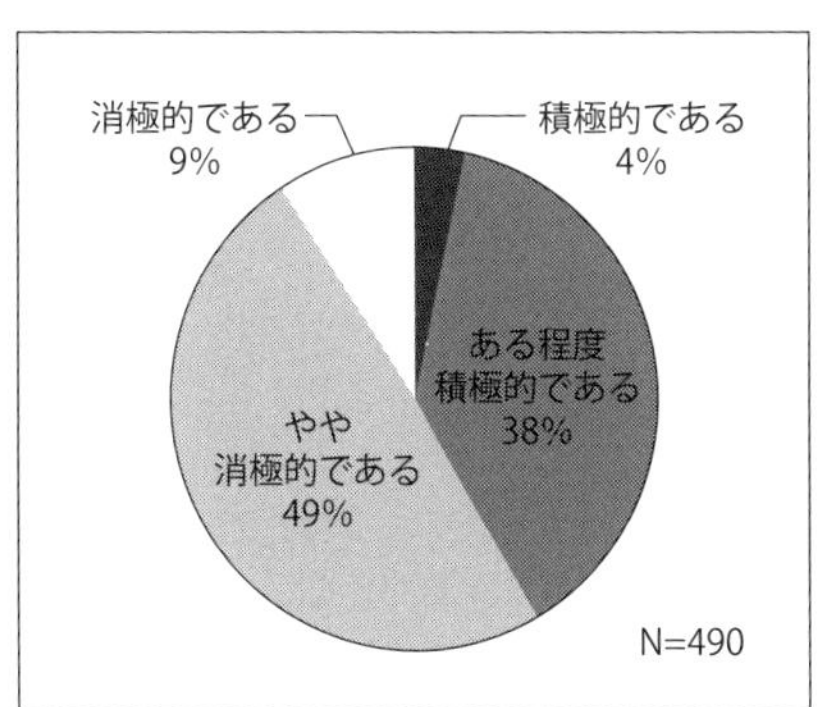

グラフ1　保育者の造形表現指導への積極性

生活や経験の絵を描くことは、それらの出来事をもう一度紙の上で体験するということ、対象（モチーフ）を味わい直すということでもあります。園や学校で、その表現を受け入れてもらったり、ほめてもらったりすることで、さらに経験への意欲、対象への関心を深めていくのです。そして、作品を適切に先生が受け止め、その素敵さを言祝ぐ（ことほぐ）ことができれば、園や学校で「絵を描かせること、ものをつくらせること」の意義はなお、深くなることでしょう。

1・3 子供の美術と「個性」

「美術」は「個性」としばしば結びつけられて語られます。保育者や初等教育者が子供たちに造形活動や図画工作の授業を提供する際に、目標として「個性の伸長」を挙げることがあります。いったい個性とは何でしょうか。単に個々の「違い」でしょうか。なかなか言葉にして定義するのは難しそうです。また答えは一つではなく、見方によっても違ってくるでしょう。

ここでは、小さな子供の美術と個性との関係について、私なりに考えてみたいと思います。

美学者の中村二柄（にへい）先生（日本美術教育学会第二代会長）は、松尾芭蕉の有名な句を引き合いに出して、個性について説かれました。ここで語られているのは大人の芸術における個性ですが、そこから入り、子供の美術における個性に迫っていきましょう。

閑（しずか）さや　岩にしみ入る　蝉の声

これは芭蕉という一人の人が初めて聞きとった天地の宇宙の寂寥（せきりょう）の声と言ったらいいでしょうか。これが個性ですよ。つまり、その人でなくてはできないのですが、ただその人の癖というのではなく、万人の、個性に対していえば普遍性です。全く逆のものですが普遍性につながっていく働きがある。それが個性です。その人だけにしか聞くことのできなかった、その人だけにしか見ることのできなかったもの、ところが、それが万人の胸をゆり動かすことができる。その時初めて個性ということが言える。（中村二柄「総括」（第四五回日本美術教育学会学術研究大会京都大会）、『美術教育』第二七三号、日本美術教育学会、一九九六年、四九頁。）

個性と普遍性という概念は一見、逆のもののように感じられます。しかし、「独自の見方や考え方、表し方が普遍性を備えたとき、それを個性と呼ぶ」と考えると、両者は密接につながっていることに合点がいきます。

ここから、私なりに「個性」というものを定義すると、

「その人」独自の見方や考え方、表し方が、「他者」に共感をもって伝わったときに、「その人」の個性

が個性として「他者」のなかに立ち上がる。

ということだと思います。

これを、子供たちの表現にあてはめてみましょう。「その人」を「子供」に、「他者」を「先生」にすると、

子供独自の見方や考え方、表し方が、先生に共感をもって伝わったときに、その子の個性が個性として先生のなかに立ち上がる。

となります。この構造で考えると、先生は、子供の個性を個性として立ち上がらせることのできる立場にあるということになります。子供たちにとって先生は、世界の普遍性へといざなってくれる、最初の存在なのです。

さらにコンパクトに、個性とは「みんながいいねって同意する、その子の素敵さ」と言っておきましょうか。すると先生は、その子の個性を見つけ、それを受容し、多くの子供たちと共感し合う場を生み出していく存在だということができます。

図1-1を見てください。四歳男児が描いた「タイヤ、おっきかったー!!」という作品です。なんと迫力のあるタイヤでしょう。大きくて、ぐるぐると回っていて、ドーンと目の前に現れた、そのタイヤへの驚き、感動がほとばしっています。「そうか。君は、はしご車のタイヤが印象に残ったんだね」と受け止めてあげたいですよね。この子の先生も、それを受容したから、このタイトルをつけたのでしょう。

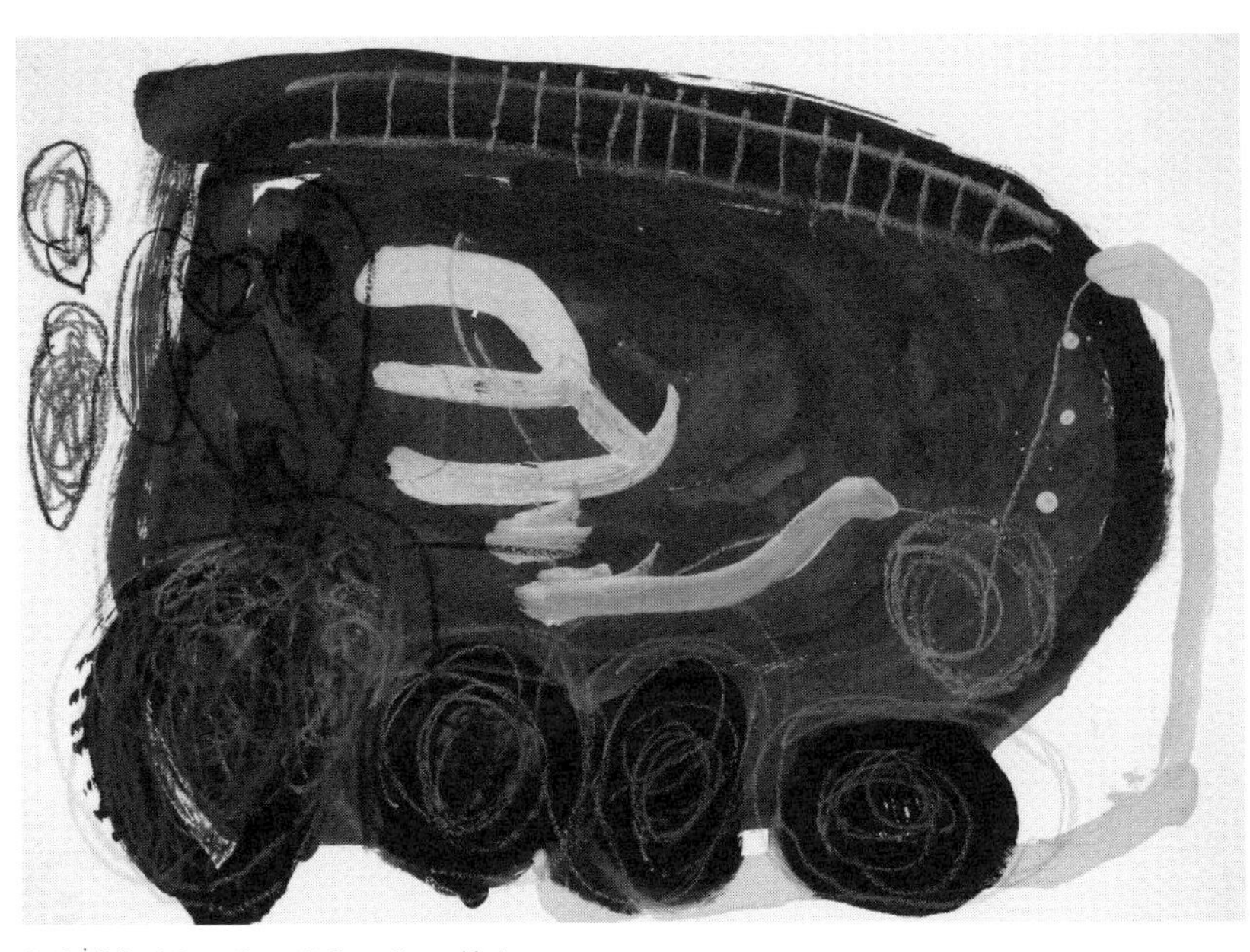

1-1「タイヤ、おっきかったー!!」
(4歳)

はしご車は、長いはしごにこそ特徴があると多くの大人は思うでしょうが、この子は、タイヤに惹かれ、素直にそれを描き出しました。意図したものではなく、ただ自然に、そこに自ずと力が入ってしまったというのが正確なところですね。一方、はしごはとても控え目に描かれています。そこにはそれほど注目しなかった、目には入っていても、強くは見ていないことがわかります。もしかしたらはしごは上の方にあるので、あまり見えなかったのかもしれません。そのありのままの表現が、先生に共感をもって伝わり、この子の個性が個性として先生のなかに立ち上がったわけです。先生が、その表現を発見し、受容し、価値づける力をもっていたと言えるでしょう。このあと他の子供たちも交えてそれぞれの作品の見方・感じ方を交流させるなど展開を工夫することによって、その子供たちにも共感はひろがっていくでしょう。さらに、この作品を見る周囲の大人たちも巻き込んでいけるに違いありません。

この子にとってのはしご車。それは確かに、大人が考える概念的なはしご車ではありません。しかし、その表現は紛れもなくはしご車の真実の一部を提示しています。見た人は、「なるほど、こんなふうにはしご車を感じたことはなかったな」と感得して、その人にとってのはしご車の概念がひろがり、嬉しくなります。

もし先生が、「今日は、昨日見たはしご車を描こうか。はしご車は、はしごが立派だよね。長いよね。まずは画用紙の上の方に大きくはしごを描きましょう」と言って活動をはじめていたら、この子の個性は表出されなかったはずです。

1・4 「表現」は「作業」ではない

子供の美術は、「保育所保育指針」（保育所）、「幼稚園教育要領」（幼稚園）、「幼保連携型認定こども園教育・保育要領」（幼保連携型認定こども園）においては、「表現」という領域のなかに主に位置づけられます（加えて子供の美術は、「健康」、「環境」、「人間関係」、「言葉」といった他の領域と無関係ではないことは言うまでもありません)。

「表現」とは、自分の感覚や思いを外に出すことです。つまり「その子らしさを表出すること」と言えるでしょう。ところが、保育現場の造形活動において、「表現」という名の「作業」がおこなわれているのをしばしば目にすることがあります。

例えば何かの絵を描かせるとして、何を描くか(テーマ)も、何を使って描くか(材料)も、どんなふうに描くか(方法)も、すべて先生によって決められているような場合です。すべて決められていますから、展示スペースにはすべて同じような作品が並びます(それらは、本当は「作品」ではない)。ある意味、壮観です。そして先生は、それが表現だと信じておられます。

これは、「表現」ではなく「作業」です。ただ設計図に沿ってつくりあげていくようなものです。子供たちがしっかり先生の言うことを聞いたというだけで、どこにもその子らしさ、つまり自分を表現した部分がないからです。みんなに同じ絵を描かせることが「指導力」に置き換わっていたのなら、それはたいへん大きな問題です。

先生の言うとおりに描いた子はほめられます。子供たちは先生のことが大好きですから、またほめられようと、一生懸命、先生の求めているものを推測し、そのとおりにしようと努めます。隣の子と違うことは「いけない」行為になります。そしてますます、「表現」からは遠のいていくのです。

「表現」を「作業」にすり替えると、実は先生は楽です。テーマも材料も方法も何もかも定まっている方が指導する際の不安を排除できます。正しいことと間違ったことが瞬時に判断できますから、深く考える必要がありません。先生が思うように子供が活動できていないときには、「それは違います。こうするのですよ」と言えばいいだけだからです。

そして先生は、「子供たちが言うことを聞いて、ちゃんと作品を仕上げた。私はしっかり指導できた」という、ある種の達成感を味わいます。その達成感は実は「やらせた感」なのですが、やりがいに感じられてしまいます。そして、それをつづけるのです。

そうしているうちにその子供たちは数年すれば卒園し、また新たな子供たちがやって来ます。先生は、以前の成功（だと信じている）体験に依拠し、同じことをくり返します。そればかりか、その指導方法を園の後輩に伝えていくことになるのです。プロローグで紹介した園は、そのスパイラルに陥ってしまったケースです。

ここでも、私が保育の現場で遭遇した、ある造形表現指導のシーンを紹介してみたいと思います。驚かれると思いますが、本当の話です。私は、その保育を最初から最後まで見ていました。

夏休み明けの日のことでした。先生は、子供たちを前に語りかけます。

「みんな、夏休みにはどこに行きましたか？」

「遊園地に行った！」、「お祭りに行った！」、「おばあちゃんの家に行った！」

など、さまざま。

先生は一つずつ受け止めてはいるのですが、今一つ表情が冴えません。行った場所がいろいろ出てきてしばらくして、一人の男の子が言いました。

「海に行った！」

その瞬間、先生は、

「そうそう! 夏と言えば海だよね!」

と半分叫んで、その表情はぱっと明るくなりました。どうやら、海に関する題材設定のようです。その男の子は先生にとてもほめられ、自慢気な満面の笑みを湛えています。なにせ、先生が求めていた「答え」を当てたのですから!

かくして、海だけが取り上げられました。他の子の思い出は、全部、却下です。もちろん先生は、「海」と答えた子供以外を無視してしまっていることに気づいていません。ようやくみんなの力で「海」にたどり着いたという感覚を抱いているようにさえ見受けられました。

つづいて先生は、傍らに隠しておいた大きな模造紙を掲示します。画面の上の方に水平線(「基底線」)が引かれていて、その下は水色で塗られ、空には太陽がにっこり、雲が浮かんでいます。この模造紙を準備するだけでもずいぶんと時間をかけられたことでしょう。その努力は素晴らしいものだと思います。

「海には何かいるかな?」

と先生がたずねます。子供たちは口々に叫びます。

「くじら!」、「さかな!」、「ふね!」

その度に先生は、鯨、魚、船の絵を模造紙の上に簡単に描いていきます。先生は例によって、みんなの意見を受け取ってはいるのですが、またどこか不満気です。十種ほど、海にいる生き物などが挙がったあとのことでした。さっきとは違う男の子が、

「タコ」

と言いました。先生は、

「そうそう、タコがいるよね！」

ようやくねらいの言葉が出たと、先生の声はひときわ大きくなります。その嬉しさがみんなにも伝わります。そして、模造紙の海のなかにタコをどーんと大きく描くと、

「今日はタコをつくります」

と宣言されました。

今日は、タコをつくる日だったのです。タコ以外を挙げた子の意見は、すべて却下されました（いえ、ここでも却下したという感覚は、先生にはないと思います）。

制作がはじまりました。赤い画用紙が子供たちそれぞれに配布されます（図1-2）。そこには大きめの丸があらかじめ描いてあります。全員、同じ大きさの丸です。それをはさみで切り取ります。そして先生は、お道具箱から黒のクレヨンを取り出すように促し、

「小さな丸を二つ描きましょう。タコさんの目ですよ」

と指示します。

次は、口を描きます。

「タコさんの口はどんなの？」

と先生がたずねると、子供たちは口を尖らせます。

「そう！タコさんの口は、きゅーって丸くなっているね。目の下に丸をもう一つ描きましょう」

タコさんの顔のできあがりです。

次は、足です。もう一枚、赤い画用紙が配られ、それには短冊状になるよう線が引かれています。線は七本あって、はさみを入れると足が八本できあがるという寸法です。

その次に子供たちは、一本一本の足に小さな丸、そうです、吸盤をたくさん描くよう指示されます。仕上げに、頭と足をのりで接着させると、タコさんの完成。見事に同じタコさんが勢揃いです。

最後に先生は、

「みんな今日は上手にできてよかったね。今度の参観日に、お母さん、お父さんに見てもらおうね」とおっしゃいました。

その間、四十五分ほど。いかがでしょうか。誇張した部分は一つもありません。つくるもの、材料、大きさ、色、用具、手順、仕上がり具合、全部が決まっています。先生の指示どおり、設定された手順に沿って一段階ずつ着実に仕上げていくのです。まさに「表現」ではなく、単なる「作業」になってしまっている例です。

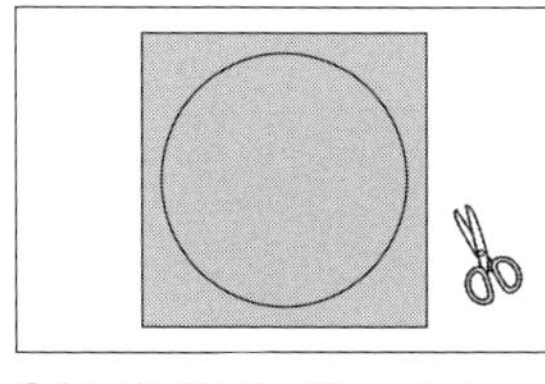

①赤い画用紙に丸が描いてある。

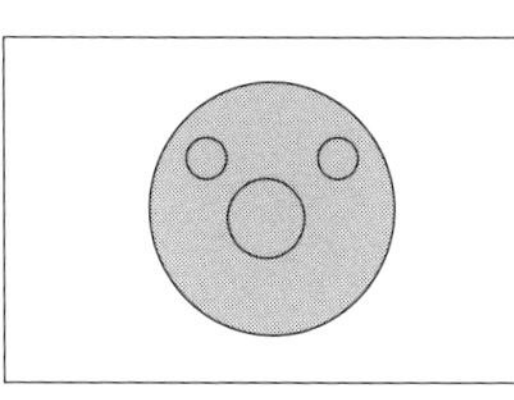

②切り取って、目と口を描く。

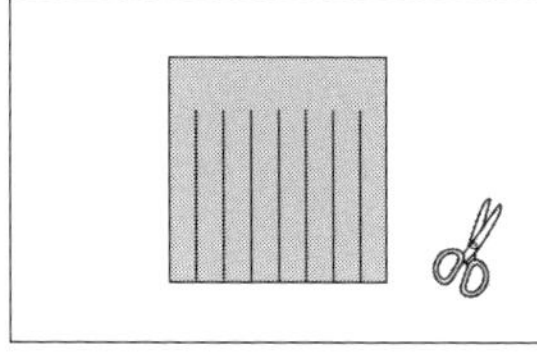

③もう一枚の赤い画用紙には線が引いてある。

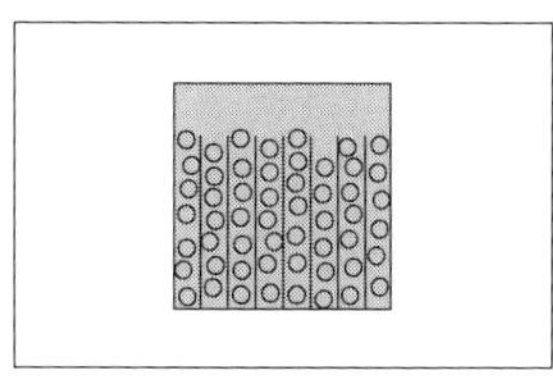

④吸盤を描いて②と合体すると……

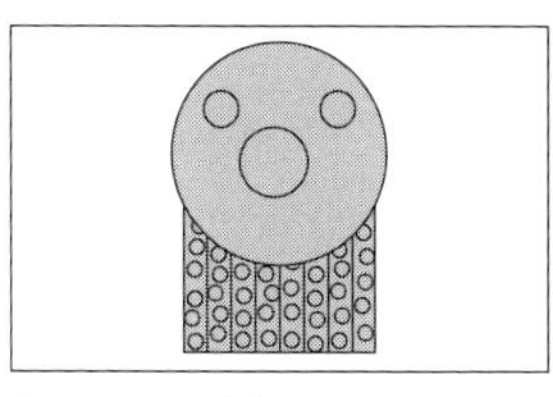

⑤タコさんの完成。

1-2 これが表現活動 !?

この実践は、それ以外にも問題含みです。以下にいくつか挙げてみましょう。

- 保育者の想定している題材を当てることに子供たちは腐心しています。造形活動とは、保育者が決めたただ一つの答えにみんなで向かっていくものだという構図が、保育者のなかに悪気なく存在しています。その構図は子供たちのなかにも次第に浸透していきます。
- 子供たちがそれぞれ独自に抱く夏のイメージ、海のイメージは完全に無視されてしまい、夏と言えば海、海と言えばタコ、タコと言えば口がキューというステレオタイプな認識が形成、強化されています。表現とはひろげていく「拡散」の活動のはずです。保育者が「収束」していくかたちにしてしまってはいけません。
- 保育者は、タコは赤色だと決めつけていて、表現活動を固定的な概念形成の場にしてしまっています。子供が好きな色のタコがいてもいいですよね。そもそもタコは茹でても画用紙の赤色にはなりません。もちろん、概念を身につけていくことを否定するわけではなく、正しい概念形成は、大人になっていくために欠かすことのできないものです。しかし同時に、イメージを柔軟にひろげ、自分なりの表現を大切にしていく必要があります。この例は、正しい概念形成からもほど遠いものになっています。
- それぞれの子供の工夫は採用されません。許されないのです。先生は、叱りながら強要しているわけでも何でもありません。優しく語りかけておられました。保育室内は平和でした。子供たちは皆、嬉々として先生の指示に従っていました。さらに先生は、確かに一人一人を丁寧に見ておられました。保育室全体に漂う温かなムードと、すべてが固定されてしまっている、凍りつくような表現指導。それらが、自然に、違和感なく、誰にも気づかれることなく同居しているのです。

・のちに開催された参観日に、お母さん、お父さんがやってきて、「うちの子もみんなと同じようにできていますね。安心しました。先生、ご指導ありがとうございます」ということになるのでしょうか。参観日の、この場面を私は見たわけではありませんが、心配です。保護者の方々にも、造形とは何か、子供の美術とはどういうものか、表現指導とはいかなるものなのか、誤った見識がひろがっていきます。

このような実践は、残念ながら決して極端なケースではなく、至るところで展開されているのが実状です。もちろん、「作業」を否定しているわけではありません。掃除や片づけなどの「作業」が大切な場面はいくらでもあります。しかし、「表現」を引き出したい場面で、それが作業と化している現実は見過ごせません。

ここで、「小学校学習指導要領（平成29（2017）年告示）」の「図画工作」を少し覗いてみます。「内容」のなかに「共通事項」という項目があり、言うなれば、これは図画工作科を教科たらしめている要素、教科性の核となることを示しています（**表1-1**）。

読む必要はありません。アやイがいったい何を表しているのか、大事なことではありますが、ここではそれも考える必要はありません（学びたい方は、「学習指導要領解説」を）。

文言の意味を吟味する代わりに、一、二年生のアとイ、三、四年生のアとイ、五、六年生のアとイのすべての枠内に共通して出てくる言葉は何か、挙げてみてください。

表1-1　小学校図画工作科の「共通事項」

	ア	イ
1、2年生	自分の感覚や行為を通して、形や色などに気付くこと。	形や色などを基に、自分のイメージをもつこと。
3、4年生	自分の感覚や行為を通して、形や色などの感じが分かること。	形や色などの感じを基に、自分のイメージをもつこと。
5、6年生	自分の感覚や行為を通して、形や色などの造形的な特徴を理解すること。	形や色などの造形的な特徴を基に、自分のイメージをもつこと。

(「小学校学習指導要領（平成29年告示）」「図画工作」を基に筆者作成。)

一つは「形や色」ですね。なるほど、図画工作科は「形や色」についての学習だということです。これはもちろん、納得ですね。もう一つあります。それは「自分の」という言葉です。すべての枠にくり返し、くり返し、出てきています。表で確かめてください。文部科学省は、なぜこれほど「自分の」を強調しなければならないのでしょうか。それができていないからです。すべての教室でそれが実現されていて、すべての先生にとってそれが自明のことであるならば、わざわざ書かなくてもいいはずです。図画工作科の授業で、「自分の」が実現されていない状況があるということです。ただ一つの答えに向かっていく「作業」が横行して、児童一人一人の「表現」が保障されていないのです。「自分の」を大切にした、画一的でも放任でもない指導。これが実現できていません。

造形活動を「作業」ではなく、「表現」にしていかなければなりません。しかし作業を指導することに比べて、表現を指導することは難しく感じられます。表現したい内容は、その子のなかだけにあり、他者には見えないからです。また、それははじめからあるものではなく、途中で立ち上がったり、変化したりするからです。そのときどきのその子を見ていないと寄り添うことができません。ハードルが高いですね。

しかし私は、先生が意識を変えさえすれば、実は何も難しいことではないと考えています。子供の世界を理解し、それを受容・賞賛できるならば、自ずと指導のあり方は浮かび上がってきます。それについては、本書三章に譲ります。

1・5 「ほめ言葉」の落とし穴

先生が多用する言葉に「上手」があります。「上手」という言葉は、もちろんほめ言葉ですが、それが美術教育の場で使われると、たいがい「技術的に上手」という意味になります。「あなたらしさの表現が上手ですね」とか、「ものの見方や解釈が上手ですね」などとはあまり言いません（本当は、そういう「上手」はあります）。しかもたいてい、その「技術」というのは、そっくりに写せている、本物みたいに描けている、という意味で使われます。

子供たちはもちろん大人にほめられたい気持ちをもっていますから（大好きな先生にほめてもらえることは

格別！）、「上手」と言われると鼻高々、嬉しいものです。しかし、「上手」という言葉には垂直的な評価の物差しがかくれています。例えば三人で活動しているなかの一人に対して「上手だね」と声をかけた場合、それを聞いているあとの二人には「あなたたちは上手ではありませんね、下手ですね」と言っているのと同じだということに先生は気づいていません。たとえ気がついて、ほかの子供にも「上手だね」と言ったとしても、いちばん最初に言われた子供が「いちばん上手」ということになってしまいます。順位づけするものではない表現活動のありようが歪められてしまう原因となります。

本物みたいに写実的に描くことは、作品のよさとは関係ありません。絵とは、見えるように写し取ることではないのです。パウル・クレー（一八七九〜一九四〇）は、「芸術は見えるものを再現するのではなく、見えるようにする」ことだと述べました（川村記念美術館他編『パウル・クレー――創造の物語』図録、東京新聞、二〇〇六年、序文。）。描く人の思い、感覚、感情、関心といった目では見えないものを見えるようにするのが絵だということを知ると、本物みたいにそっくりに描くことの信仰から解放されますね。

また、他者に上手だと評価されるためにおこなう活動では、子供は楽しめません。基準を、自分の内なる満足ではなく外側においてしまうからです。子供自身が、「上手くできた」と自己評価することはあるでしょうが、安心して表現することに没頭でき、楽しさを実感できるのは、自分自身の内面に向き合うことが保障され、何ものにも邪魔されず活動できているときです。

ならば、「きれい」、「かわいい」、「すごい」などのほめ言葉はどうでしょうか。確かに「上手」よりはいいように感じられます。しかし、きれいなものはこの世に無数にあり、かわいいものも、すごいものもいくらでもあります。つまり、「きれい」、「かわいい」、「すごい」だけでは、「あなたの作品は、あなた固有のよさがあるわけではないよ」と言っているのと同じになってしまうのです。「あなただけがもっている素敵さではないよ」と。

もちろん、それらの言葉自体が悪いわけではありませんが、私は、ほめ言葉を発しただけでほめたつもりになってしまうことを「ほめ言葉の思考停止」と呼んでいます。こういった言葉を口にすることでほめるという活動が終了したと思ってしまうのです。

子供からしてみると「自分だけに注がれた言葉だ」と感じることはできません。子供たち一人一人の作品は必ず違うのですから、それぞれのよさを「僕にだけ」、「私にだけ」の言葉にしてあげたとき、その子は心から嬉しくなるわけであり、それこそが真の意味での「ほめる」ということに他なりません。「きれい」、「かわいい」、「すごい」なら保育者でなくても口にできます。その先を語ることができてこそ保育・教育のプロでしょう。ならばどうすればいいのか、それについてはこのあと具体例を挙げて考えてみたいと思います（3・7参照）。

ちなみに、美術界では「上手」は「けなし言葉」です。展覧会の審査会で「上手だね」と言われるのは、作者にとってはショックなことです。「上手でしかない」わけです。技術があるだけ。一方、最高のほめ言葉は「おもしろい」です。興味を引くという意味です。それは審査員が、自身のなかにはなかった感覚、発想、表現に出会ったということです。オリジナリティを評価されることは、美術する者にとって望外の喜びです。

1・6 「子供」と「芸術家」

「子供はみんなアーティスト」などといったフレーズを耳にすることがあります。そこには、子供たちを大切に思う気持ちや、「子供はすごい」という賞賛が込められているのでしょう。しかし、その理由を具体的に説明するとなると、「大人には思いつかないような発想や表現をする」という表層的な理由に留まるのが一般的です。

実際のところ、子供たちはアーティストではなく、芸術を生み出しているわけでもありません。子供と芸術家では、創造活動への向かい方がまったく違うのです。美術史家のスージー・ホッジは、『5歳の子どもにできそうでできないアート——現代美術（コンテンポラリーアート）100の読み解き』で、現代美術家と子供の違いを力説しています。しかし、両者の違いは当然のことであって、その優劣を決めることは意味をなしません。むしろ同書が物語るのは、ホッジが現代美術の素晴らしさを説明するために五歳児の絵をもちだしているという点、そう、子供の表現は芸術家の作品と比較して語り得るほどの芸術性を内包しているということです。確かに子供たちは、「いわゆる大人」が失ってしまった世界観をもっていて、それが素直に表出されたとき、作品は唸るほどのよさ、素敵さを湛えます。

ここでは、子供の美術と芸術家による美術を比較することで、その重なりと違いについて探っていきたいと思います。

子供の美術が芸術的であると言える要素の一つとして「アラ・プリマ」との関連が挙げられます。「アラ・プリマ」とは、芸術家が一息に形と色を決めてしまう技法のことです。手順など気にせず、計画などもたず、奔放に、また即興的に、勢いよく、手の動きに委ねて制作していく。これはまさに、子供の美術にぴたりと当てはまります。子供たちが絵を描いているときの、あの潔さには感心しきりです。

画家の佐藤一郎は、印象派や表現主義、抽象表現主義の画家たちの作品を鑑賞するときだけではなく、子供の絵画を鑑賞する際にもアラ・プリマの直截性に注目することが重要だと述べています（佐藤一郎「見ること描くこと」、『岩波講座 教育の方法7 美の享受と創造』岩波書店、一九八八年、二二七～二二八頁）。そこに共通した魅力を見ているのです。

あるいは、子供の絵が芸術的である理由を、その身体性に見出しているのが、美術評論家の椹木野衣です。「子供の絵は、子供の絵としてではなく、美術として本当にいい」とした上で、その理由を、大人が失った無垢な感性によるものだからというわけではなく、子供の未発達な身体的特性によって、子供たちの絵は「複雑きわまりない丸や線の集積からできて」いて、「大人では計り知れない細部を持」っているからだと言うのです（椹木野衣『感性は感動しない――美術の見方、批評の作法』世界思想社、二〇一八年、二四～二七頁）。なるほど、子供たちはじゅうぶんな筆圧をもっていなかったり、指先をコントロールすることに弱さがあったりするために、線は一定の太さで引かれませんし、丸はきれいに閉じられなかったりします。それらが画面に散りばめられると、それは複雑で魅力的なものになるのです。

これらから導き出されることは、アラ・プリマという技法にしても、複雑きわまりない画面づくりにしても、子供はただ無意識に、そして自然にそれをおこない、表出していて、一方の芸術家は、じゅうぶんな鍛錬や修行の末に獲得した技術を、自覚しながら発揮し、作品を生み出しているという対比です。両者はアプローチが異なるにもかかわらず、芸術家の作品と子供の作品の芸術性には共通点があるのです。芸術家たちが芸術を追究して辿り着いたその場所は、まるで子供が日常的に美術しているのと同じ場所であるかのようです。

この現象を、調査実験を基に「描画の発達のUカーブ」という構造で示したのがJ・H・デイヴィスです(図1-3)。横が時間軸で、右へいくほどに年齢が上がります。縦軸は絵の美的側面、つまり美しさのレベルを示し、上部であるほどに高いことを意味します。

デイヴィスの調査実験の概略は次のとおりです。デイヴィスは被験者に、「嬉しい」、「悲しい」、「怒っている」という感情を自分なりに自由に描くという課題を与えました。被験者は、年齢と描画経験の違いによって分けられた二十名ずつの七グループ(五歳、前写実期にいる八歳、前写実期にいる十一歳、自分を芸術家だと思っている十四歳、自分を芸術家とは思っていない十四歳、芸術家ではない大人、そしてプロの芸術家)です。そして、描かれた作品(計四百二十枚)について、全体的な表現力、バランス、線の引き方、構図といった美的基準に沿って、専門の審査員が評価を下しました。その結果、描画の発達は直線でもなく、階段状でもなく、U形に現れるという結論を導いたのです。つまり、五歳児の描画の芸術性は、八歳から十一歳のところで一度沈んで失われますが、芸術家においてはもう一度浮上すると言うのです。

図では、五歳児がUの頂点の一つに位置し、前写実期がUの底部に、芸術家がUのもう一つの頂点に位置しています。一方、大多数の人々は底部にいる時に描画活動を止めるため、U形とはならずL形に進みます。根気強い芸術的な人(思春期につくられる)でない限り、Uのもう一つの頂点には至らないとデイヴィスは主張します。

このUカーブの概念は、保育者・初等教育者が子供の美術にどのように対すべきなのかについての重要なヒントを与えてくれます。構造が可視化され、子供と芸術家の作品の芸術性が同じ高さにあって異なる場所にあることがよく理解できるからです。

幼児の絵は芸術ではありませんが、確かに芸術性を備えていて、その後、写実期に向かうにつれて、いったん没個性的で画一的な表現へと向かいます。しかし、それを通り過ぎて芸術家として大成する際に、まるでUターンするかのように芸術性を取り戻していくわけです。ですから、美術教育の研究者は、写実期の次の段階、つまりもう一度上昇していく過程を「芸術的復活期」と呼ぶこともあります。

保育者や初等教育者は、芸術家ではありませんから、L字の方向へと進んでいきます。自身がU形にカーブを描いて芸術性を再獲得していく必要はありませんが、しかし子供の美術を見る者として、芸術家と五歳児の芸術性の高さは同じであることを知っていなければなりません。その認識が不十分だと、写実表現に向かうことこそが保育・教育だと考え、子供を高めているつもりでいながら、

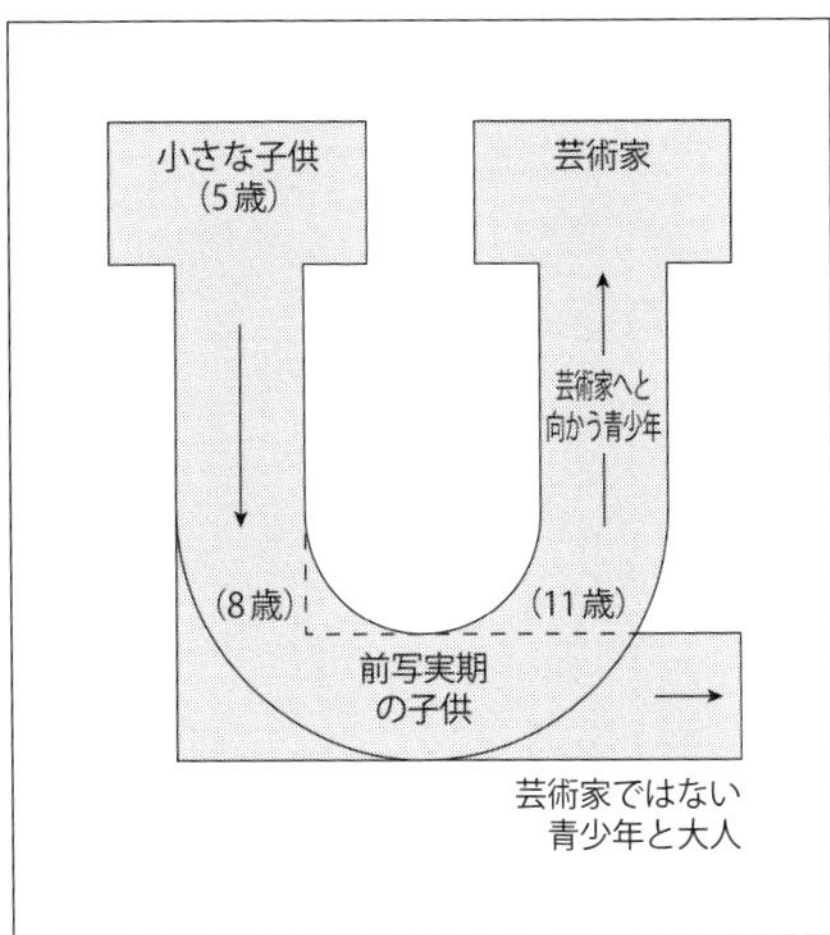

1-3「描画の発達の U カーブ」

"U-curve of graphic development", Davis, Jessica H., The "U"and the Wheel of "C": Development and Devaluation of Graphic Symbolization and the Cognitive Approach at Harvard Project Zero, Anna M. Kindler, ed., *Child Development in Art*, National Art Education Association, 1997, p.52 を基に筆者作成。なお、「前写実期」は、原文では「Literal Stage」。

実はU形の底の部分に引きずり下ろそうとしてしまうのです。そこには、五歳児の表現は未熟で劣ったものであり、一方の芸術家の表現は高度すぎて難解であるという思い込みがあります。この誤認識が正されない限り、保育者が子供の美術の芸術性を正当に評価することはできず、たとえ子供の描画活動の発達や特徴に関する知識があったとしても、その芸術性を感得することはできないでしょう。

ここで、小学校二年生の心くん作「きょじんたいはんしんせん」をご覧いただきましょう（図1-4）。

伝統の一戦。渦巻くようにぎっしりと埋まった観客席。大歓声に、高まる期待と興奮。交錯する喜びと悔しさ。

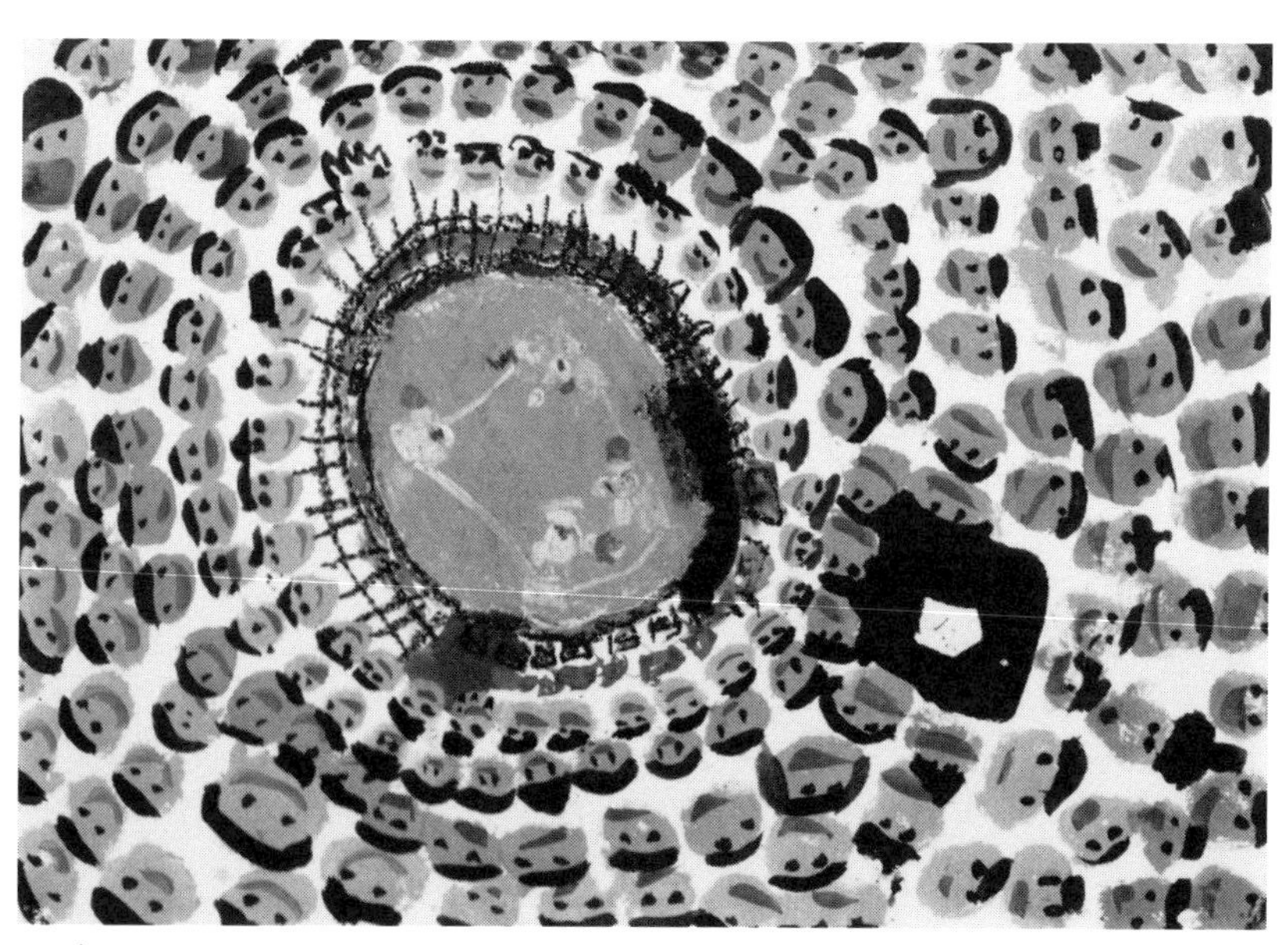

1-4 心くん「きょじんたいはんしんせん」
（2年生）

アルプスタンドの上からすり鉢の底を見つめる、めまいがするようなあの感覚。画面全体から圧倒的な臨場感が伝わってきます。

心くんの担任の先生は、ゴールデンウィーク明けに、二年生になって楽しかったことを描こうと子供たちに投げかけました。おじいちゃんやお父さんと野球をすることが大好きな心くんは、野球を観に行ったときのことを題材に選びました。初めて訪れた甲子園は、「ひろくて、人の多さにびっくりした！」とのこと。

じっくりと絵を見てみましょう。図式期特有の視点の一つ、真上から見た構図です。放射状に上を向いた顔が並んでいます。このような描き方を「展開図描法」と呼んだりします。しかし、心くんはこれを「描法」として選択したわけではありません。これがこの時期の子供にとっての「本当」であり、素直な表現です。心くんにとっては、これで「すべてうまくいっている」のです。視覚を超えた体感としての真実。絵を描くことの本質です。

図式期の子供は、世界と自分が未分化で一体化しています。世界を見ている自分がいるのではなく、自分も含めたこの世界を感じているのです。考えてみれば、これほどの真実がありましょうか。

一人一人の表情の豊かなこと。そして、力のこもった部分と、いい意味で力が抜けている部分の強弱が見事なリズムを醸し出しています。子供は、それを意識して描いていないからこそ、作品は実に自然であり、鑑賞者の目に心地良いのです。それはさながら、計算し尽くされた芸術家の表現と酷似しています。

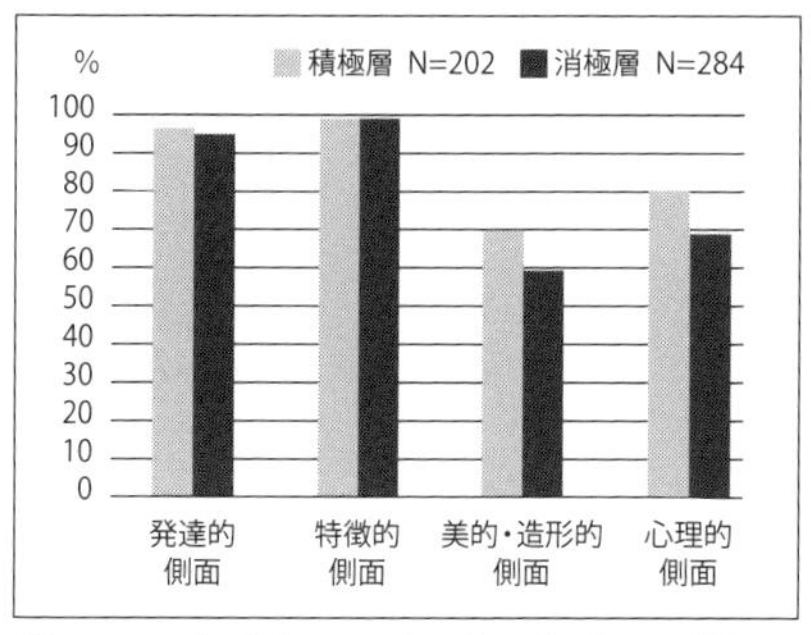

グラフ5　保育者の、造形表現指導への積極層と消極層における側面ごとの注目度（「注目する」と「どちらかといえば注目する」の合計）

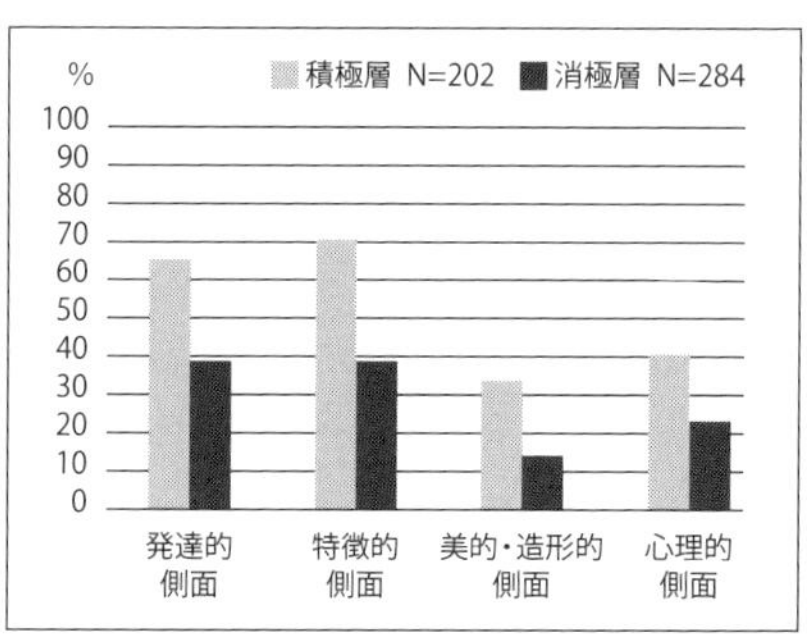

グラフ6　保育者の、造形表現指導への積極層と消極層における側面ごとの判断の自信度（「自信がある」と「どちらかといえば自信がある」の合計）

の保育者を比較してみました。すると、幼児の造形を見る四つの側面への注目度において、両者には有意な差はありませんでした（**グラフ7**）。一方、判断の自信度となると、「発達的側面」と「特徴的側面」では10年未満と10年以上で有意な差が見られました（**グラフ8**）。つまり、経験年数の増加に従い、この二つの側面では自信度が増していくわけです。しかし注目すべきは、「美的・造形的側面」に限っては、10年未満と10年以上で有意な差が見られないことです（実数では減少）。これは、経験を積んでも幼児の造形の芸術性を判断する力は高まっていかず、芸術家の美術と同じ芸術性の高さであることに目を向ける感性が身につけられていないことを意味します。保育の職場でベテランと呼ばれる人たちのこの状況が、経験の浅い保育者に対してよい影響を与えるはずはないでしょう。

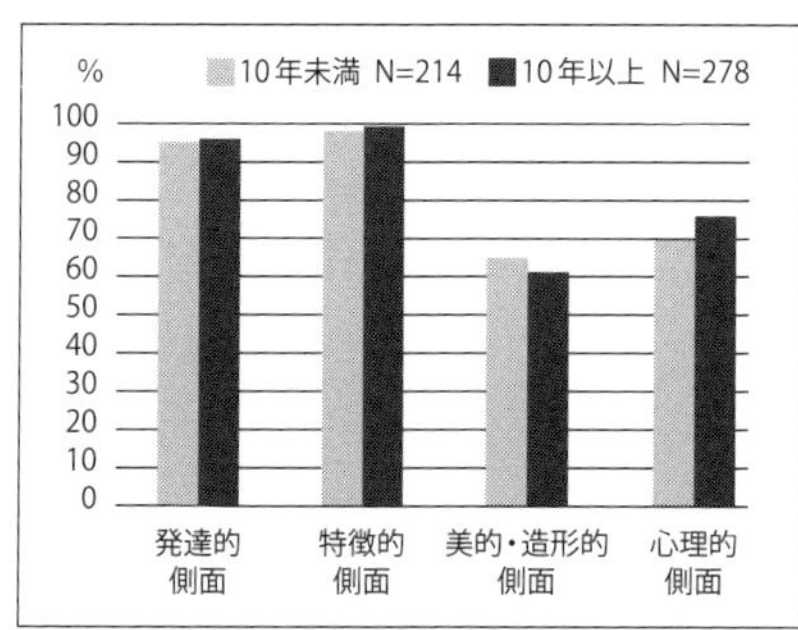

グラフ7　保育者の、勤務年数の違いによる側面ごとの注目度（「注目する」と「どちらかといえば注目する」の合計）

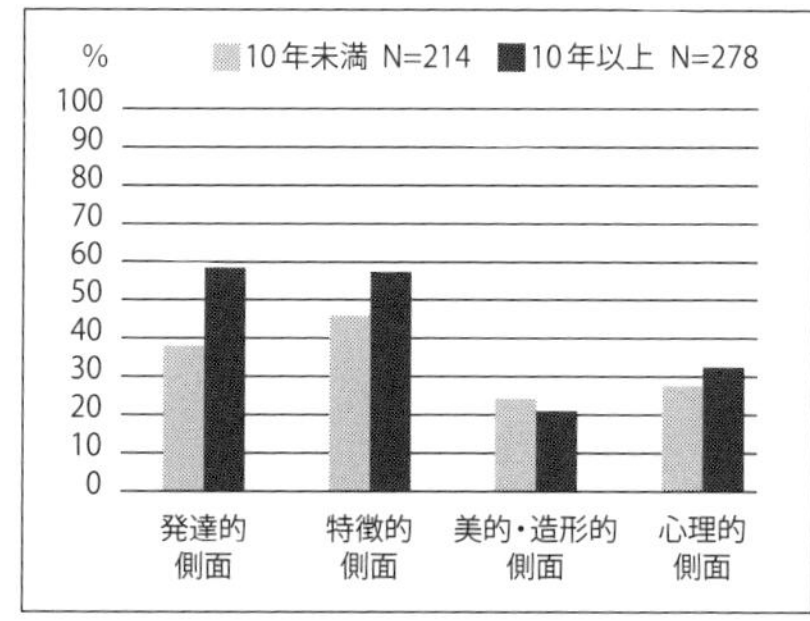

グラフ8　保育者の、勤務年数の違いによる側面ごとの判断の自信度（「自信がある」と「どちらかといえば自信がある」の合計）

補節2 保育者は、子供の美術の芸術性を見ている？

1章第6節では、子供の美術と芸術家の美術の芸術性は同じ高さにあること、しかし異なる場所にあることを確かめました。

保育者は、子供の造形を見る際に、その芸術性に注目できているのでしょうか。ここでは、子供の造形を見る際の四つの側面（「発達的側面」、「特徴的側面」、「美的・造形的側面」、「心理的側面」）それぞれについての「注目度」と「その判断の自信度」についてたずねたアンケート調査の結果を紹介します。

結論を先に記すと、保育者は、幼児の造形を見る際に、「美的・造形的側面」、つまり芸術性に注目する姿勢が低く（**グラフ3**）、それを見取る自信も低い（**グラフ4**）ということがわかりました。

具体的に数字で確かめてみましょう。

グラフ3に示されたように、保育者は、幼児の造形の「発達的側面」、「特徴的側面」には極めて高い注目度を示すのですが、「美的・造形的側面」への注目度は明らかに下がります。また、判断の自信度となると、注目度に比べて四つの側面のいずれもが大きく下回る結果となり、とくに、「美的・造形的側面」は、他の側面に比べて極めて低くなっています。

また「美的・造形的側面」について、造形表現指導への積極層と消極層（補節1参照）を分けて分析してみたところ、消極層は積極層に比して有意に注目度が低く（**グラフ5**）、有意に自信がない（**グラフ6**）という結果になりました。とくに消極層の「美的・造形的側面」への判断の自信度は10％台であり、消極層のほとんどが自信をもてていないことが明らかになりました。

次に、勤務年数10年未満と10年以上

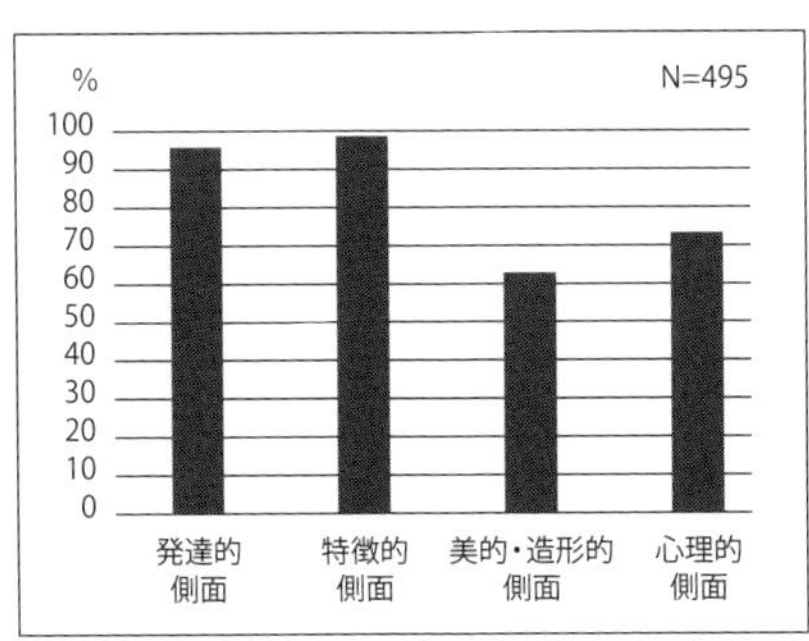

グラフ3　保育者が子供の造形を見る際の側面ごとの注目度（「注目する」と「どちらかといえば注目する」の合計）

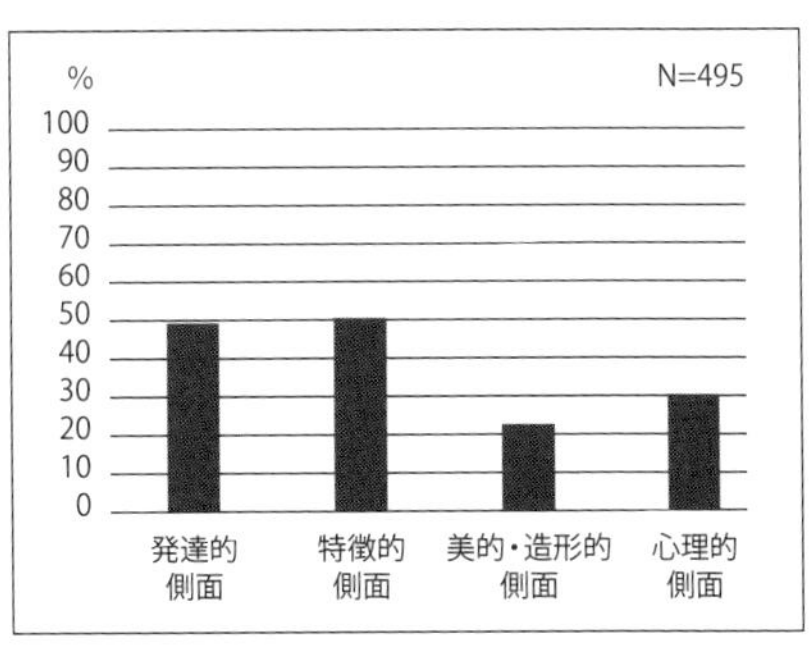

グラフ4　保育者が子供の造形を見る際の側面ごとの判断の自信度（「自信がある」と「どちらかといえば自信がある」の合計）

1・7 子供の美術の「美」

ここで今一度、前節のUカーブ構造を振り返ってみると、もう一つ重要な視点が導かれます。子供と芸術家の芸術性が同じ高さにあるということは、保育者・初等教育者が子供の美術を見る際に、芸術家の美術に対する鑑賞力を援用できるということです。この点は強調しておきたいと思います。

実のところ、子供の美術のよさ、素敵さを理解する力は、子供のそれだけを見ていてもじゅうぶんには培えないのです。

本節では、子供の美術の「美」について見ていきます。「美」や「芸術」について語られた言葉から考察して、芸術家の美術と絡めながら子供の美術に迫っていきたいと思います。

まずは、花をたとえに「美」の特質についてわかりやすい言葉で述べたのが、美学者の井島勉先生（日本美術教育学会初代会長）です。

同じく美しい花といっても、ひまわりの美しさと白ゆりの美しさとは、必らずしも(ママ)全く同一ではない。のみならず、同じ机の上にいけられた同じゆりの花であっても、朝に眺めるのと夕方に眺めるのとは、そ

> の美しさが必らずしも同じであるとはいえない。むしろ、同じ人が同じ対象にむかってさえ、同じ美的経験を二度と繰返すことができないというのが、美の場合の特殊な性格なのである。何度見ても、それがゆりの花であることにはかわりがない。しかしそのゆりの花の美しさは、見なおすにつれてうつろっていくものである。（井島勉『美術教育の理念』光生館、一九六九年、二七頁。）

「美」は決して固定的なものではなく、多様性に満ちています。ひまわりもゆりも、それぞれの「美」を具えています。かつ、「美」は見ている対象のなかに宿っているものではなく、見る人のなかにその場その場で立ち上がるので、刻々と移ろいゆく性格をもっているということです。ですから、同じ人が同じ花を見たときでさえ、二度と同じ「美」を味わうことはできないのです。

また、ひまわりやゆりのように、多くの人が肯定するような、いわゆる「美しい」ものだけが「美」だとは限りません。誰もが知っているパブロ・ピカソ（一八八一～一九七三）による《ゲルニカ》（一九三七年、油彩、ソフィア王妃芸術センター蔵）には、戦禍に逃げ惑う人々や動物たち、死んでしまった赤ちゃんを抱いて泣き叫ぶ母親、切り落とされた戦士の腕……、惨憺たる情景が描かれています。エドヴァルド・ムンク（一八六三～一九四四）の《叫び》（一八九三年、油彩、オスロ国立美術館蔵）はどうでしょうか。異様な空の歪み、不穏な空気感、不気味な人物描写……。これらの作品に表出されている「不条理」、「悲しみ」、「怒り」、「恐怖」に、私たちの心は揺り動かされずにはいられません。

美学者のマックス・デッソワールは、「優美」や「崇高」のみならず、「醜」や「悲壮」や「滑稽」も美的カテゴリーに含めます。他にも、幽玄、洒脱、典雅、華麗、壮麗、嬌美など、美の類型は無限に多様で、それらをすべて「美的」あるいは「美的なもの」と呼ぶのです。日本でも伝統的には「さやけさ」、「あはれ」、「わび・さび」、「いき」などがありますし、現代では「かわいい」も美の範疇です。

そんな開かれた「美」を求めて、あるいは新しい「美」を開拓すべく、芸術家たちは表現活動を展開していきます。それまで考えられていた「美」の概念を押しひろげ、ときには破壊し、新たな世界観を提示・創造しようとします。それを「芸術」と呼ぶわけですが、そんな作品に出会ったときには、当初、人々は面食らいます。ですから、芸術の長い歴史においては、新しい芸術が生まれようとするときには必ずと言っていいほど、理解されなかったり、抵抗感をもたれたり、ときには拒否されたりしてきました。それでもやがて、多くの人々がそういった見慣れぬ「美」のかたちに新しい「美」を発見しはじめるわけです。

さて、「美」の多様性や移ろい、そしてそのひろがりを歓迎できるとき、子供の美術はそれまでとまったく違う姿をして目の前に現れます。小さな子供たちの表現は一般的な概念を覆されるようなものですから、「いわゆる大人」はすぐに「理解できない」と否定しがちです。相手が小さな子供だけに、「未熟だからね」で済ませてしまうのです。しかし保育者や初等教育者が受け入れる「美」の範囲をひろげられれば、子供たち一人一人の、そのときどきの表現のなかに「美」を発見し、拾い上げ、価値づけ、言祝いでいくことができるのです。

前出の中村二柄先生は、「芸術」について、以下のように指摘しています。

何よりもまず、芸術は、その本質を考え究めようとするわれわれにとって、しょせん謎であり、秘密であるということです。どなたもよくご存じのとおり、芸術は直観の問題です。直観そのものは、それをとらえようとして、どれほど考えめぐらしても、すなわち概念の網をはりめぐらしても、その網の目にはかからないものです。それを「考える」立場に立つかぎり、もちろんどこまでもその謎にせまることはできますけれども、その謎そのものを解き明かすことは、ついにできないでしょう。（中村二柄『美術史小論集──一研究者の足跡』一穂社、一九九九年、四一四頁。）

「芸術は、しょせん謎で秘密だ」という言葉に、心が、いい意味でざわつきます。ワクワクすると言った方が正確かもしれません。これを私なりに解釈すれば、芸術はあくまで解き明かせない謎であって、それこそが芸術が芸術であるゆえんである。だから、固定的な「答え」を見つけ理解したつもりであっても、それはただ、作品の意味を狭めているに過ぎないということでしょう。芸術に接する際には、理解しよう、つまり意味を限定し閉じ込めようとするのではなく、むしろ自由にひろげていこうとする態度が大切だということでもあります。謎や秘密を解き明かすそのこと自体でなく、そのプロセスのなかで起こっていくひろがりこそを大切にしていくのです。

このように考えていくと、美術作品には無数の「答え」があるということになります。その意味において芸術、美術は、許容性に満ちているのです（4・2参照）。このことを、子供たちの美術を見る保育者・初等教育者はしっかり諒解しておく必要があります。

次にまいりましょう。美学者の神林恒道先生（日本美術教育学会第三代会長）はあるエッセイのなかで、東洋独自の芸術である「書」を取り上げ、いずれも能書家として知られる中国の王羲之（おうぎし）や、日本の弘法大師、藤原佐理（すけまさ）の書を紹介して、こう述べます。

後世すぐれた書として評価されているのは、いずれも四角四面にかしこまって記した書ではない。共通するのが状況はさまざまだが、あるがままの「自然」な書だったことである。これを「卒意（そつい）」の書という。すなわち優れた書とは、人に見せようという意図などさらさらない、心のままに筆を揮（ふる）った書のことなのである。（神林恒道『絵手紙と文人画』、日本絵手紙協会、二〇一九年、一〇頁。）

気負わずに書いた下書きや手紙などに、後世まで芸術として伝わるような美が宿っているのです。そして神林先生は、あるがままとは「自由」でとらわれないことであるとし、その「自由」とは「勝手気まま」ということではなく、「型」を重視しながらも、それを自在に使いこなせるようになることで「自由」になれるのだとつづけます。芸術家たちは、研鑽に研鑽を重ねた上に、そのあるがままの境地に達することができるわけです。そこが芸術家と子供との違いということになります。子供たちは、修練なしに、いとも簡単にその境地に至ることができます。自由に、あるがままに表現できるとき、そこに「美」が現れます。そうして生まれた子供たちの美術は、あまねく優れているととらえることができるのです。逆に言うと、保育者や初等教育者に強制されたり、枠にはめられたり、大人の理想を押しつけられたりするとき、そこから「美」は生まれないのです。ですから、子供たちは、自由に、あるがままに表現できるように、適切に見守られ導かれる必要があることを強調しておきたいと思います。

「しょせんは子供の絵」と言われるものを、芸術家に負けず劣らずの「美」を内包したものとして受け止め、賞賛することができるのは、保育者や初等教育者の他にはいません。そのためにも、保育者や初等教育者の、芸術を見る目が重要なのです。

美術史家のエルンスト・H・ゴンブリッチは、優れた芸術家たちが私たちの目を拡大させ、世界をより魅力的に見せてくれると述べます。

（画家は、）新しい世界を見ようとし、肉体は肌色、リンゴは赤か黄色、といった既成の観念や先入観を捨てたいと思っているのだ。そういう先入観を取り除くことは容易ではないけれど、うまくいったときにはぞくぞくするような作品が生まれる。私たちの夢にも思わなかった斬新な美しさが自然のなかにあるのを教えてくれるのは、こういう芸術家たちである。彼らを見習い、彼らから学ぶことができれば、窓の外の景色をちょっと見るだけで、スリルに満ちた冒険をすることができるだろう。（エルンスト・H・ゴンブリッチ『美術の物語』河出書房新社、二〇一九年（原書は一九五〇年）、二九頁。）

子供たちの美術も、芸術家の美術と同じように、既成の観念や先入観に縛られていません。子供たちによる世界の解釈は、私たち大人の、ややもすれば固定化しがちな世界に、新たな刺激や輝きを与え、私たちに幸せな気持ちを運んでくれます。

小さな子供たちにかかわる私たちは、芸術鑑賞者として子供たちの美術に対していこうではありませんか。それが、懸命に生きている子供たちへの礼儀でもあると思うのです。

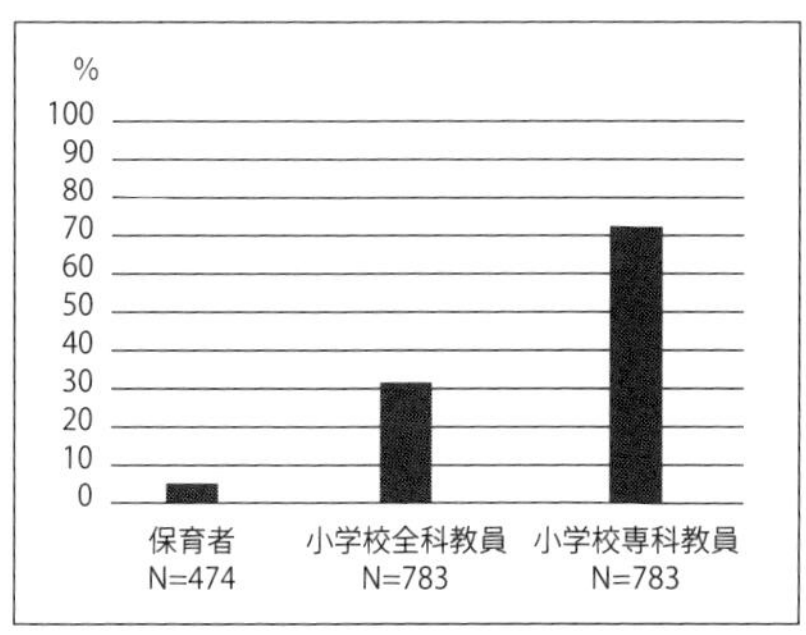

グラフ10　美術館や美術展等で作品鑑賞を年3回以上おこなっている保育者・小学校教員

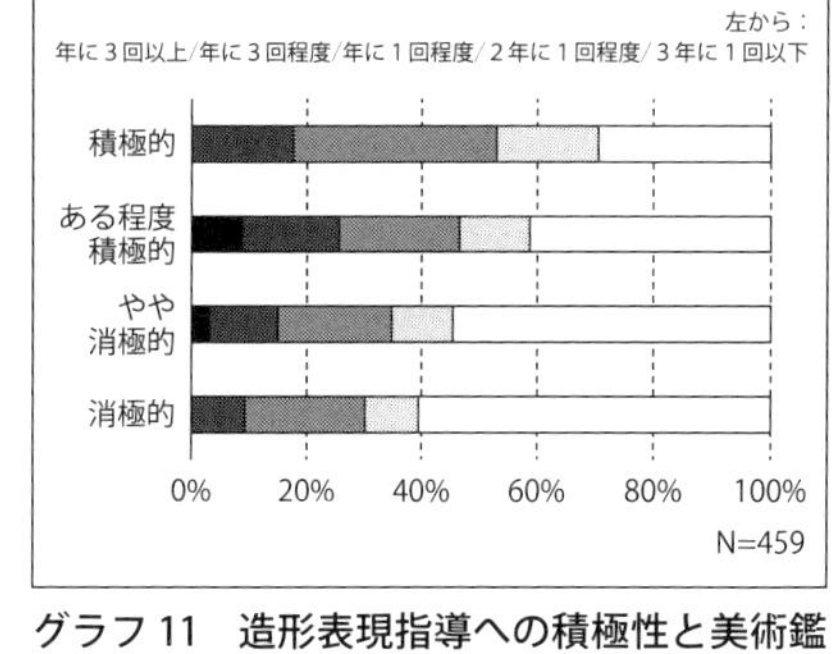

グラフ11　造形表現指導への積極性と美術鑑賞頻度

の内訳を見てみると、「年に3回以上」が5%、「年に2回程度」が14%、「年に1回程度」が21%、「2年に1回程度」が11%、そして「3年に1回以下」が最も多く49%で、半数に迫るのです。

小学校教員では「年に3回以上」が最も多く47%（全科教員32%、専科教員72%)、「年に2回程度」が22%（全科教員27%、専科教員13%)、「年に1回程度」が20%（全科教員25%、専科教員10%)、「2年に1回程度」が5%（全科教員6%、専科教員3%)、「3年に1回以下」が8%（全科教員11%、専科教員2%）です。保育者との圧倒的な差が確認できます。

グラフ10は、「年3回以上」にしぼって保育者と小学校全科教員、専科教員を比較したグラフです。保育者の、「美術館や美術展等での作品鑑賞」の頻度が、いかに低いかが理解されます。

その上で補節1の「保育者の造形表現指導への積極性」と本補節3をクロス集計すると、**グラフ11**のような結果になりました。このグラフの意味するところは、造形表現指導に消極的であるほどに美術館や美術展等での作品鑑賞の頻度は下がるということです。

＊　＊　＊

ここで三つの補節をまとめてみます。まず、保育者は美術へのかかわりが薄く、それが薄いほどに造形表現指導に消極的である傾向にある。そして、造形表現指導に消極的である保育者は、「美的・造形的側面」への注目度や判断の自信度が低い。つまり、美術へのかかわりが薄いほどに、幼児の造形の「美的・造形的側面」への注目度や判断の自信度が低いということです。逆に考えると、保育者が子供たちの美術の芸術性を感受でき、それを受容し、言祝ぎ、喜びと感じられるには、芸術家の美術への関心を高めていくことが求められるのです。子供に子供の美術を提供できるようになるための糸口がそこにあると言えるでしょう[＊3]。

＊3　補節1〜3はいずれも、松岡宏明「保育者を対象とした幼児の造形を見ることに関する調査からの考察」、『美術教育』第304号（日本美術教育学会、2020）を基にしている。

補節3 保育者は、美術とどのくらいかかわっている?

1章第7節では、子供の美術を見る際に、芸術家の美術を鑑賞する力を援用できると述べました。ここでは、アンケート調査の三つ目、「保育者が美術に触れる機会やその頻度」の結果を紹介したいと思います。

最初に、保育者の美術とのかかわり方を見てみます。七つの選択肢を用意し、複数回答可としました。すると「美術館や美術展等での作品鑑賞」が47%と突出して高く、半数近くに上りました。他は「マンガやイラストを描く」が24%(日々の仕事のなかでマンガやイラストを描く機会が多いことが推察されます)、「趣味的作品制作」が21%で、以下、「造形教育の研究」、「画集・作品集の鑑賞」、「美術番組やDVD等の視聴」の順でそれぞれ20%台を下回る選択率でした。

「美術館や美術展等での作品鑑賞」の47%は、それだけを見ればとても高いようにも感じられます。しかし、小学校教員では71%(全科教員69%、専科教員73%)であることと比較すると、明らかに低いのです(グラフ9)。

次に、保育者の「美術館や美術展等での作品鑑賞」の頻度についてです。そ

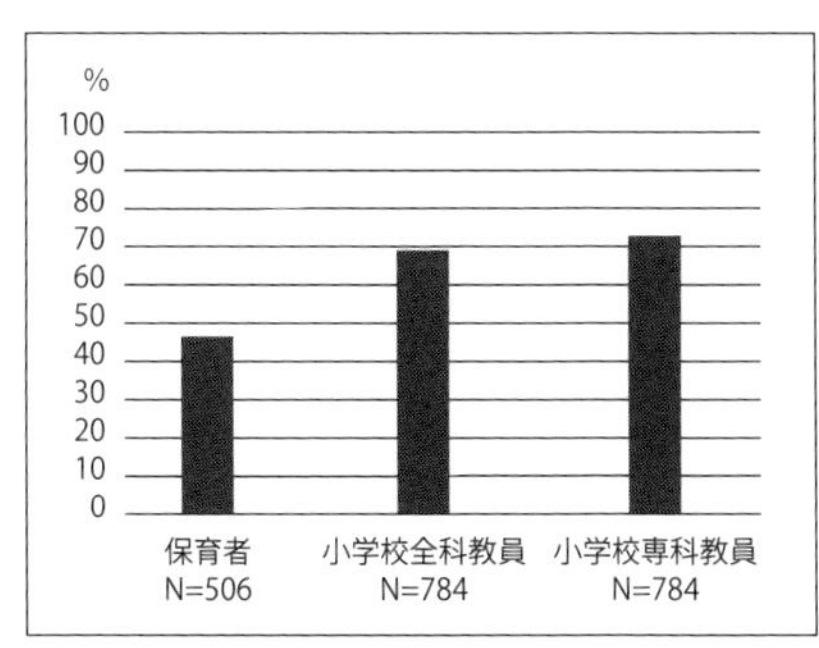

グラフ9 美術館や美術展等で美術とかかわっている保育者・小学校教員

1・8 「美術」と「教育」の親和性

昨今の学校教育においては、答えのない問いについて考えていくことが求められています。また、問題解決能力よりも、むしろ問題を発見する力を育んでいくことが重要だと言われます。そしてそれらの問題には、複雑な要因や互いに相反する利害が絡み合っていて、すべての対立を解消できるような「正解（答え）」は存在しないという考え方もひろがってきています。

そんな認識からでしょうか、学生たちは「美術に正解はないですもんね」とよく言ってきます。さて、「美術に正解はない」のでしょうか。いいえ、実はそうではありません。「正解はただ一つではない」だけです。

そこで私は、学生たちみんなに、次のように語ります。「美術には、正解が無数にあるのです。子供の数だけあるのです。しかもそれはあらかじめあるのではなく、つくられるのです。さらに、そのときどきによって異なり、移ろっていくのです」と。それを聞くと学生たちは、「『ない』と『ある』では感じ方がぜんぜん違う」、「自分も他者も肯定できる」、「美術に取り組むことへの不安が安心に変わった」、「温かみや希望を感じる」、「子供たちにもそう伝えたい」などとノートに書いてきます。

例えば、「楽しかったお芋掘り遠足」をテーマに絵を描くとして、「真ん中に芋の蔓を引っぱっている自分を描いて、基底線の下に大きなお芋がたくさん見えている」様子が正解でしょうか。そんなことはあり得ません。

先生が驚いた様子がおもしろくて、それがその子のお芋掘り遠足だったかもしれません。行き帰りのバスのなかでの楽しい出来事や、帰ってきてからふかして食べたお芋さんこそがその子にとっての遠足だったかもしれません。遠足の次の日に描いた場合と、数日経って描いた場合でも絵は変化するでしょう。ある友達と一緒に描いたときと、別の友達と一緒に描いたときでも、変わってくるでしょう。たった一つの正解などないのです。

美術教育においては、一つの答えをみんなで探していくということはありません。子供たちみんなが、それぞれのなかにある「答えらしきもの」に向かって描いたり、つくったりしていくのです。いえ、当初から答えがあるかさえあやふやです。やっていくうちに生成されたり、近づいたと思ったらまた遠のいたり、そうやってつくりかえていくうちに新しい答えが閃いたり、前の方がよかったなと後悔したり。結局、最後まで答えに至らないことも普通にあります。そこにあったのは活動のプロセスだけということもままあるのです。美術することは、答えをひろげていく行為、「わからないようになること」だとさえ言えるでしょう。美術って何だかはっきりしない分野だなと思われることでしょう。実際、そういう性格をしているのです。

「美術教育」というのは、文字どおり「美術の教育」、あるいは「美術による教育」のことですが、果たして、こんなはっきりしない美術というものを教育することなどできるのかという疑問をもたれるかもしれません。教育とは、一般に、「わからないことをわかるようにすること」だとされていますので、「美術」と「教育」は、まるで反対の方向を向いているように見えます。

ところで、教育とは「わからないことをわかるようにすること」だという、当然と思われていることについて、少し考え直してみたいと思います。

「ネガティブ・ケイパビリティ」（訳例としては、「消極的受容力」や「否定的能力」など）という言葉があります。イギリスの詩人、ジョン・キーツが兄弟に宛てて書いた手紙に出てくるこの言葉を、小説家で精神科医の帚木(ははきぎ)蓬生(ほうせい)は、「拙速な理解ではなく、謎を謎として興味を抱いたまま、宙ぶらりんの、どうしようもない状態を耐えぬく力」と定義しています（帚木蓬生『ネガティブ・ケイパビリティ——答えの出ない事態に耐える力』朝日選書、二〇一七年、七七頁。）。「わからないままでいる」能力とも言えるでしょう。帚木は、これを終末期医療の現場や精神科の診療の際に、医師がもつべき能力として考えています。そこでは、医師は完全な答えというものを提示することは不可能であり、患者もまたそれを得ることはできないからです。そして同時に、自身が、小説の執筆という創造行為に取り組んでいるとき宙吊り状態に耐えることの必要性を実感していることから、この能力は芸術活動とも親和性が高いと主張し、さらには教育においても培うべき能力の一つであると示唆しています。

「わからないままでいる」ことの重要性について、さらに教育の側面から主張しているのが思想家の内田樹です。内田は、話を「簡単に」できる人が賢い人だといった「単純主義」が、この四半世紀の間に日本人の知的水準を劇的に低下させたとして、きわめて複雑な現実に対処していくためには、問題をシンプルな二項対立、「真か偽か」、「正義か邪悪か」、「敵か味方か」に切り分けて、二項の片方を叩き潰したらすべての問題が解決すると単純に考えるのではなく、その複雑な絡み合いを一つ一つ根気よくほぐしていこうとする忍耐づよい知性が必要だと説いています。複雑化した人間の方が複雑な現実に対処できる。そこから、教育の目的とは「子どもたちの成熟を支援することであり、成熟とは複雑化することだ」としています。必要なのは正解を暗記することではなく問題を吟味する能力。暗記した答えで問いに即答する能力は知的資質のほんの一部であり、現代の教育について最優先に開発すべきは、いくつもの仮説を並列処理していく過程の「未決状態に耐える能力」だと言うのです（内田樹『複雑化の教育論』東洋館出版社、二〇二二年、〇一〜〇二、五二〜五五、一六〇〜一六六頁。）。

帚木と内田の主張から考えると、実は「美術」と「教育」は相反するものではないことが導かれます。むしろ、両者は非常に親和性が高いのではないでしょうか。いずれも、簡単に答えを出さない「宙ぶらりん」を良しとするのであれば、「宙ぶらりん」に耐える能力を身につけるのに、「美術」はうってつけです。

私はさらに、美術においては「耐える」必要などない、「力」として想定する必要さえもないと考えています。「宙ぶらりん」を当たり前のように、自然に受容する、いえ、むしろ楽しむくらいの感覚です。

2

子供の美術の合い言葉

ここからは、子供たちへの美術教育を実践する際に、その前提として先生が大切にしておきたいポイントを、実例も挙げながら示していきたいと思います。

「楽しくあってこそ、美術」、「新しい自分に出会ってこそ、美術」、「互いの違いを味わい合ってこそ、美術」、「過程を大切にしてこそ、美術」の四つです。いずれも合い言葉として、常に心に留めておきたいことです。スローガン、あるいは心得と言い換えてもいいかもしれません。

一つずつ見ていきましょう。

2・1 「楽しくあってこそ、美術」

ある幼稚園を訪れたときのこと。誰もいない空き保育室で、一人、絵を描かされている子供がいました。ここでの「描かされる」は「強制的に」という意味です。造形活動に取り組んだ日に欠席していて、近々ひらかれる参観日に、その子の作品だけ掲示されていなかったらかわいそうだからという理由でした。しかし、みんなから引き離されて一人でいる方がよほどかわいそうです。楽しいはずがありません。大人の都合、論理が先行して、子供の思いは置き去りにされています。一人にさせない方法はいくらでもあるはずです。

つづいては、造形表現指導に力を入れているというある幼稚園を訪れたときのこと。子供たちは嬉々として造形活動に取り組んでいましたが、なかには描くことに苦手意識をもっている子供もいます。二十代の男性の先生は、なかなか描き出そうとしない男の子の前であぐらをかいて、次のようにおっしゃいました。

「何で描かないんだ？　何でもいいと先生は言ってるでしょうが。自由に描いたらいいんだから。描き出すまでここで先生は、じっと見ているからね」

「じっと見ている」というのは、見守っているのではなく、実際には、にらんでプレッシャーを与えているのです。

そんなひどい保育があるはずはないと思われるかもしれませんが、私は話を大げさになどしてはいません。

むしろこの書き方では、そのときの高圧さが伝わらないくらいです。その子にとっては苦痛極まりない造形活動です。「何でもいいから」、「自由に」と言われてもすぐに描き出せないから、描けていないのです。この先生の心のなかには、「嫌でもやらなければならないことはあるのだ」、「しっかり粘って、やり切ってこそ力がつくのだ」という意識があるのでしょう。本来は、描けるように導いていくのが先生の役割であるはずなのに、自分の指導力のなさを棚上げして、描けない子供のせいにしているわけです。子供は、恐怖や苦痛に耐えながら、それから逃れるために、なんとか何かを表現しなければなりません。そうすれば「ほら、やろうと思ったらできるでしょ。よくがんばったね」と先生にほめられるわけです。子供はほめられると素直に喜びます。家に帰って、「ぼく、今日、がんばって絵を描いたから先生にほめられたよ」と報告するかもしれません。それを聞いたお母さん、お父さんは、もちろん、「それはよくがんばったね。次もがんばろうね」と返すでしょう。親子のその会話だけを切り取ると、とても微笑ましいようにも感じられます。しかしそれは、「嫌でも苦しくても一生懸命先生の言うことを聞いて、これからも先生から高い評価を受けるのですよ」と、その子に伝わっているかもしれません。また、その子にとっての美術は、「がんばって、拘束や不自由から逃避すること」になってしまっているかもしれません。

小さな子供にとって絵を描くこと、ものをつくること、それは、ただただ楽しい活動であるべきです。子供たちにとっては、楽しければいいのです。楽しんでこそ、さまざまな力がついていくのです。

ただし、子供が楽しいと感じる過程に、しっかりと保育者のねらいを潜り込ませることが条件です。じゅうぶんな計画と準備、適切な導入、確かな展開がなされ、豊かな言葉がかけられ、楽しく活動するなかで、つけさせたい力が自ずとつくようにするのです。その力には「形、色、素材・材料とかかわったり、それらを介して描いたり、つくったりすることが楽しいと感じられる力」が含まれます。つまり、つけさせたい力のなかに「楽しい」が位置づいているのが小さな子供の美術というわけです。

教育学では、「楽しい」、「嬉しい」といった感情は、「情意的領域」と呼ばれる目標領域に位置づけられます。一方、「わかる」とか「できる」といった能力は、「認知・技能的領域」と呼ばれる目標領域です。もちろん、両方とも重要で、本来、これら二領域は一体化させて追求されるものです。わかったりできたりすることで、楽しい嬉しいという感情が生起することもあり、反対に、楽しい嬉しいという感情に導かれながら結果的にわかったりできたりすることもあります。

ただ、認知力や技能を高めていくことに比べて、情意的領域の目標を大切にしていくことは、思いのほか、難しいのです。それは、この領域における評価の難しさと関連しています。

楽しさや嬉しさは、興味や関心といった観点に置き換えることができるのですが、これらは明確な到達目標を設定することができません。このような目標を、「方向目標」、あるいは「向上目標」と呼び、良いとされる方向に向かっているとか、確かに向上しているということは推察できるものの、いったいどういう状態になれば良しと言えるのかの判断は困難です。「まあまあ楽しい」と言った子供は不十分で、「すごく楽しい」と言った子供は目標に達したなどという単純なものではありません。また、「年長さんになったらこのくらい」、「二年生になったらこのくらい」、「五年生ではここまで関心が高まっておかないとね」といった発達段階に即した基準を設けることもできません。そしてその様子は、決まったかたちで表れるわけでもありません。興味や関心が態度に表れる子供もいますが、心のなかでじわっと湧き上がる子供もいます。さらに、その質は変化していきます。

　すると先生としては、判断しやすい領域の目標を主に取り上げたくなります。「わかる」、「できる」という認知・技能的領域は、到達する目標レベルが設定しやすい性質があるので、言葉にも置き換えやすく、ときには数字にさえ置き換えられ、成果を可視化して他者を説得しやすいからです。五十点は不合格、六十点で合格、八十点以上なら優秀というように。

　美術においては、例えば、「○色と△色を混ぜると、□色になるということがわかる」、「対象の色を正確にとらえ、塗ることができる」、「対象の形の特徴をとらえ、それを大きく描くことができる」、「目的に合わせて用具を正しく使うことができる」などは、できたかどうかが測りやすい観点です。そのため、「楽しい」よりも「できる」が優先されてしまうことになります。現代社会の、「見える化」志向、説明責任要求、データ重視、根拠提示の脅迫などが、この状況に拍車をかけます。

　「わかる」、「できる」は、一つの物差しで測って点数をつけることが比較的容易です。これは「評定をつける」ということです。しかし教育における真の意味での「評価」とは、ただ点数をつけることではなく、受容、反応、賞賛、共感、共有などを含めたひろく豊かな活動です。「評価する」＝「評定をつける」という図式は誤りです。

　そもそも保育の場では、子供たちに評定をつける場面はありません。保育者がおこなうのは、保育の自己評価です。「自分の指導によって、子供たちが、その活動に楽しく取り組むことができたか」、大切なのは、究極的にはその一点です。そのなかに「わかる」、「できる」も含めたさまざまな目標が自然と溶け込んでいるかどうかを保育者は自己点検しつづけるわけです。

また、楽しい美術が実現しづらい根本には、先生自身が表現する楽しさを知らないという現実があります。保育者や初等教育者は、自身が小学校、中学校、高校、そして大学でも、長らく評定をつけられてきて、それに慣らされてきています。また、美術も音楽も時間数は削られつづけていますから、じゅうぶんに表現する喜びを感じることなく先生になっている場合があるのです。

私は、大学で教えるようになって二十五年以上経ちますが、毎年、学生が入学してきてすぐに、それまで自身が受けてきた図工・美術の授業についてのアンケートを取ってきました。ここ十年くらいは、描いたり、つくったりすることが「好き」あるいは「どちらかと言えば好き」を足した数よりも、「どちらかと言えば嫌い」と「嫌い」を足した数の方が上回るのです。およそ十年前までは、前者が六割くらいでしたが（それでも六割ですが）、後退してきていてたいへん残念です。

ところで、大学入学当初の学生が、美術が「嫌い」な理由は驚くほど似通っています。「否定されたり、描き（つくり）直しさせられたりする」ことと、「他者と比較される」ことがその代表的なものです。それらを含め、さらに要因を挙げてみると、次のようになります。

- 指導を入れられ過ぎる（「否定」や「やり直し」を含む）
- 他者と比較される
- やらされている感覚がある

・上手下手、優劣という物差しで評価される
・制約を受けすぎる（時間、材料、表現方法など）
・計画を強要される（「つくり直せない」、「路線変更の否定」を含む）
・孤独を強いられる
・次の発達段階に無理に引っぱられる

このように列挙してみると、すべて、原因は指導する側によって生み出されていることがわかります。嫌いにさせているのは先生なのです。

楽しくあってこその美術。楽しくなければ美術ではない。これは一丁目一番地。子供に子供の美術を保障するための大前提です。

2・2 「新しい自分に出会ってこそ、美術」

美術では、「こんなのを描こう、つくろう」と考えてスタートしても、途中でその考えが変化していくことがあります。美術とは、そういうものなのです。また、材料や用具に触れているうちに、目の前に何らかの形や色が現れ、それらにいざなわれて次に自分がやりたいことが見つかることがあります。「あ、いいこと考えた！」と子供が言うとき、それは材料や行為がアイデアを導き出したことを意味しています。そして、その新しい考えに身をゆだねて、その時その時にやりたいことをやっていくのが心地いいのです。つまり、没頭しているわけです。

そういうことをくり返して、最終的に作品が仕上がったとき（仕上がらない場合も多々）、自身の作品でありながら「こんなのできた！」と思うのです。「こんなの」とは、思いも寄らなかった結果のことです。そして「私はこんなのもつくるんだな」と、新しい自分に出会うのです。その出会いが楽しいので、一つ作品が仕上がってもまた次に取り組みたくなるのです。まだ会ったことのない、知らない、新しい自分に、形や色を介して出会いつづける旅のような営みが美術です。

「小学校学習指導要領解説」の図画工作編には、「つくり、つくりかえ、つくる」という言葉が出てきます。「児童は一度つくって満足することもあるが、つくっている途中で考えが変わって、つくりかえることもある。次々に試したり、前につくったものと今つくりつつあるものの間を行きつ戻りつしたり、再構成をしたり、思ったとおりにいかないときは考えや方法を変えたりして、実現したい思いを大切にして活動している」と説明されています。そして、『つくり、つくりかえ、つくる』は、広く捉えれば図画工作科の学びそのもの」であると断言してもいます（文部科学省「小学校学習指導要領（平成29年告示）解説 図画工作編」、二六～二七頁。）。そのとおりです。つくり、つくりかえ、またつくるからこそ、これまでの自分を確認しながら、新しい自分に出会っていくことができるのです。

「保育所保育指針」や「幼稚園教育要領」などでは、造形表現指導についての考え方や留意点についてはほとんど触れられていません。保育所や幼稚園の先生が、小学校の「学習指導要領」を読む機会も少ないと思います。そのためか、保育者対象の研修会で講師を務めると、「え？ 考えを途中で変更させてもいいんですね。てっきり最初に考えたことをそのとおり実現させることこそが造形活動だと思っていました」という反応が、驚くほど頻繁に返ってきます。

まだ短いその子の生のなかで、次々と新しいその子に出会わせていく。答えは無数に開かれています。どんな答えを発見できるか、保育者は子供たちに伴走しながら、その子が発見した答え、つくり出した答え、新しいその子の誕生をお祝いしていくべきなのです。

小学校の「造形遊び」を制度として「学習指導要領」に導入した立役者である美術教育学者、西野範夫先生は、ある講演で、子供と「死」は近しい関係にあるとおっしゃいました。最初に聞いたときは「いやいや、そんなはずはないでしょ。子供はもっとも死から遠いはず」と思いました。西野先生は、子供たちは素直に率直に自分の感情を移動でき、それまでこだわっていた自分を死に追いやって、あだ討ちに行って生き直せるのだからすごいのだと言います（西野範夫「死と教育」（第五一回日本美術教育学会学術研究大会滋賀大会講演）、『美術教育』第二八五号、日本美術教育学会、二〇〇二年、四六頁。）。確かに子供は、今泣いていたかと思うと、直後にケラケラ笑っています。何かに夢中になっているかと思うと、すぐに違うことに向かいます。さっきまでの自分を一瞬で葬って、どんどん新しく生まれ変わっていくわけですね。

つくりかえることを許さず、当初の目的どおりに進めるように子供を指導することは、「君は変化してはいけないよ」と、成長そのものを否定していることになるのです。毎日、いえ、一刻一刻、生まれ変わり、新しい自分に出会いつづけている子供たちに拍手を送りましょう。子供たちは、目の前の作品をつくり、つくりかえ、つくりながら、自身をもつくり、つくりかえ、つくっているのです。

私は大学の授業で、学生たちが新しい自分に出会えるような展開をいつも心がけています。「自由に描いてみましょう」だけでは、それは困難です。一方、「ああしましょう、こうしましょう」とすべて指示するような指導でも、新しい自分には、まず出会えません。

例えば、学生たちがそれぞれ制作しはじめると、「せっかくですから、いつもと違う色を使いませんか?」、「いつも派手な色を使う人は、今日は地味な色を使ってみませんか?」、「いつも細部に凝ってしまう人は大胆にいってみませんか?」、「いつもかわいいものをつくってしまう人は、一度気持ち悪いものをつくってみませんか?」と語りかけます。制作中に教室の全員に、静かに、「いつも自分のなかにあるもの・ことを出すだけなら、ただ課題をこなして、提出するだけの退屈な時間になりますよ」、「どうせなら、新しい自分を開拓してみませんか」と、くり返し話しかけるのです。

その言葉に触発された学生たちは、安心していつもと違う自分をつくり出そうとします。「私は、こんな色も使えるんだな。それは案外、いいものだな」、「いつもと違う方法を試してみたら、なんだか自由な気がした」といった感想がたくさん聞かれるようになります。

保育者や初等教育者になる学生自らがそういった経験をしてこそ、子供たちに「新しい自分との出会い」を奨励し、その機会を提供することへの意欲が培われるのだと考えます。

2・3

「互いの違いを味わい合ってこそ、美術」

美術とは、自分の思いや想像したことを、形や色を介して表現することです。ですから、自ずと互いの違いが目に見えるかたちとして現れ、その違いを味わい合うことができます。単に違いを味わうのではなく、自分も含めたみんなのそれぞれのよさを味わい合うことができるのです。

教育社会学者の本田由紀は、日本の学校教育には「垂直的序列化」がすっかり浸透していて、その縦に並べる序列化が学校的「能力」としての「学力」だけに留まらず、今や「生きる力」や「人間力」にまで及んでいると危惧しています。さらにそれに並行して、特定のふるまい方や考え方を全体に要請する「水平的画一化」への圧力も高まり、そこから少しでもはみ出す者を排除する態度が強化されていることを問題視しています。そう分析した上で、現状に欠けているのが、「水平的多様化」だと言うのです。「水平的多様化」とは、縦に順番をつけるのでもなく、横並びを強要するのでもなく、a、b、cというように、ただそこに違うものとして存在する、そのことを認め合うという様態です（本田由紀『教育は何を評価してきたのか』岩波新書、二〇二〇年。）。

私は、保育や教育の場における美術は、この水平的多様化を、より実現しやすい活動だということを力説したいと思います。自ずと子供たちの互いの違いを、形や色、材料という見えるものを通して確認し、認め合えるからです。ただし、美術教育の実践を適切に展開することが条件となります。

ここで、互いの違いを大切にする取り組みを園全体で展開している例を紹介します。

アメリカ、オレゴン州にあるポートランド州立大学の附属保育園を訪れたときのことです。ポートランドは水と緑があふれる美しい都市で、路面電車が走り、公園にはたくさんの野性のリスたちが戯れています。街の中心にあるポートランド州立大学は州最大の大学で、世界百か国から留学生を受け入れ、働きながら通う成人学生への教育にも力を入れています。園には大学関係者の子供たちもたくさん通っているので、自ずと子供たちも多国籍です。子供たちが自分の顔を描いた作品が壁に貼ってありました（図2-1）。

2-1 ポートランド州立大学附属保育園の子供たちの「自分の顔」

It's o.k. to be different.

「違って大丈夫」。「違っていいね」、あるいは「違うっていいね」とでも訳せるでしょうか。

園の保育は、多様性理解の方針に貫かれていて（アメリカ社会の抱える現実問題についてはここでは触れませ

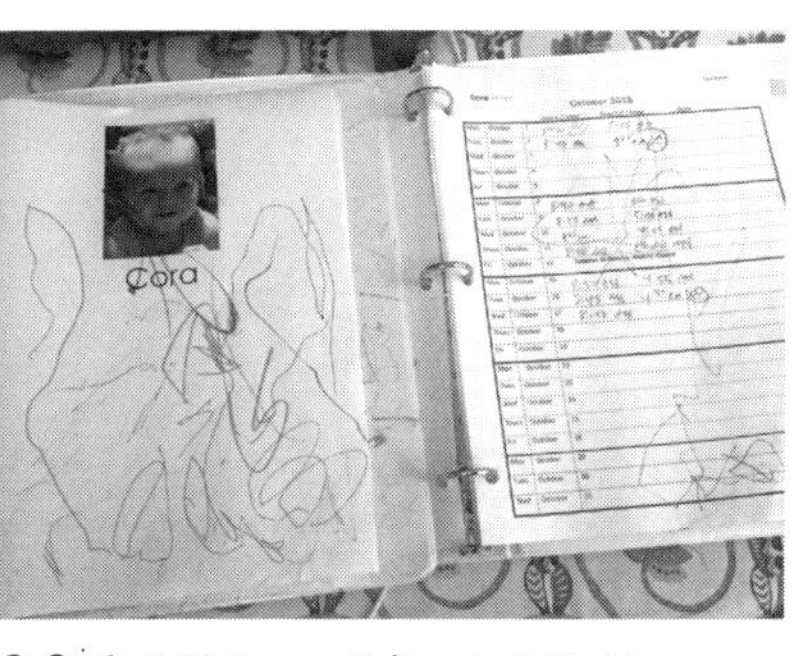

2-2 ある日のコーラちゃんのサイン

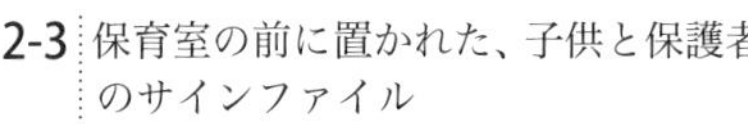

2-3 保育室の前に置かれた、子供と保護者のサインファイル

んが）、それは絵本選びにまで適用されていました。内容や視覚表現が、偏った考えや主張からつくられていないか検討されるのです。例えば、男性優位の見方に偏っていないか、登場人物の肌の色は限定されていないかなど、先生方は日々、議論しながら選書をおこなうとのことでした。

多様性理解は、当然ながら、個としての子供の存在を認めることで成り立ちます。この園では、子供たち一人一人がコミュニティ構成員として認識されていて、登園したときには、保護者だけでなく、子供自身もサインをします。コーラ（Cora）ちゃんのサインを見てください（**図2-2**）。唯一無二の、その日だけのこの子の表現です。「コーラ、今日もここに来たり！」ですね。なぐり描きのサイン、なんて素敵なのでしょう（縦線が描けるようになって、ぐるぐる描きもはじまっています）。ちなみに、帰るときにもサインします。

「ムーン・ルーム（Moon Room、夜間保育）」の保育室の前には、子供と保護者のサインファイルが同等に扱われ置いてありました（**図2-3**）。当然のように、サインは一人一人違います。発達段階しかり、筆圧しかり、使う色しかり。しかも、これまた当然ですが、

2-4 ポートランド州立大学附属保育園の子供たちの作品「再利用・リサイクル可能な材料による『自分らしさ』の探究」

一人の子供でも日々違っています。

そういうふうに万事、個々の存在とその多様性が大切にされている園ですので、子供たちの美術の活動にも互いの違いを確認できるようなしかけが数多く用意されていました。

図2-4は、「再利用・リサイクル可能な材料による『自分らしさ』の探究（The exploration of identity through the use of reusable and recyclable materials)」と題した活動の作品と制作の様子がドキュメンテーションとして展示されていたものです。「自分自身を表す」というテーマと、「貼りつけて構成する（コラージュ）」という表現方法は、みんな共通しています。一方で、材料の選択は自由です。

マテリアル・ルームという、さまざまな素材・材料を整理してストックしてある部屋があって、子供たちはそこへ行っては素材を調達してきて、描く・つくるための材料にします。この部屋は園舎二階の奥の方に位置していましたので、そこへ向かうのは子供たちにとって、大いなる冒険でしょう。ワクワクドキドキですね。

きらきらしたものが好きな子は、自分の人形に放射状のアイテムでつくった宝石を散りばめています。花が好きな子はビーズを花に見立てて髪に飾り、手に花束を持たせています。そのことで、「私の」、「私らしさ」を表現しているのです。先生は、子供たちが選択した素材・材料にどんな意味を込めているのかを一人一人丹念に聞き取り、カードに記しておられます。テーマや表現方法は共通していながらも、材料選択に自由が保障されているので、それぞれの違いが際立つわけです。

小麦粉粘土に泥粘土、焼き物、ライトテーブルの上での色水遊び、絵の具のにじみ遊び、モビール、枯れ葉や木の実での構成遊び、刺繍、デジタルマイクロスコープでいろいろなものを覗く遊び……。それらの完成作

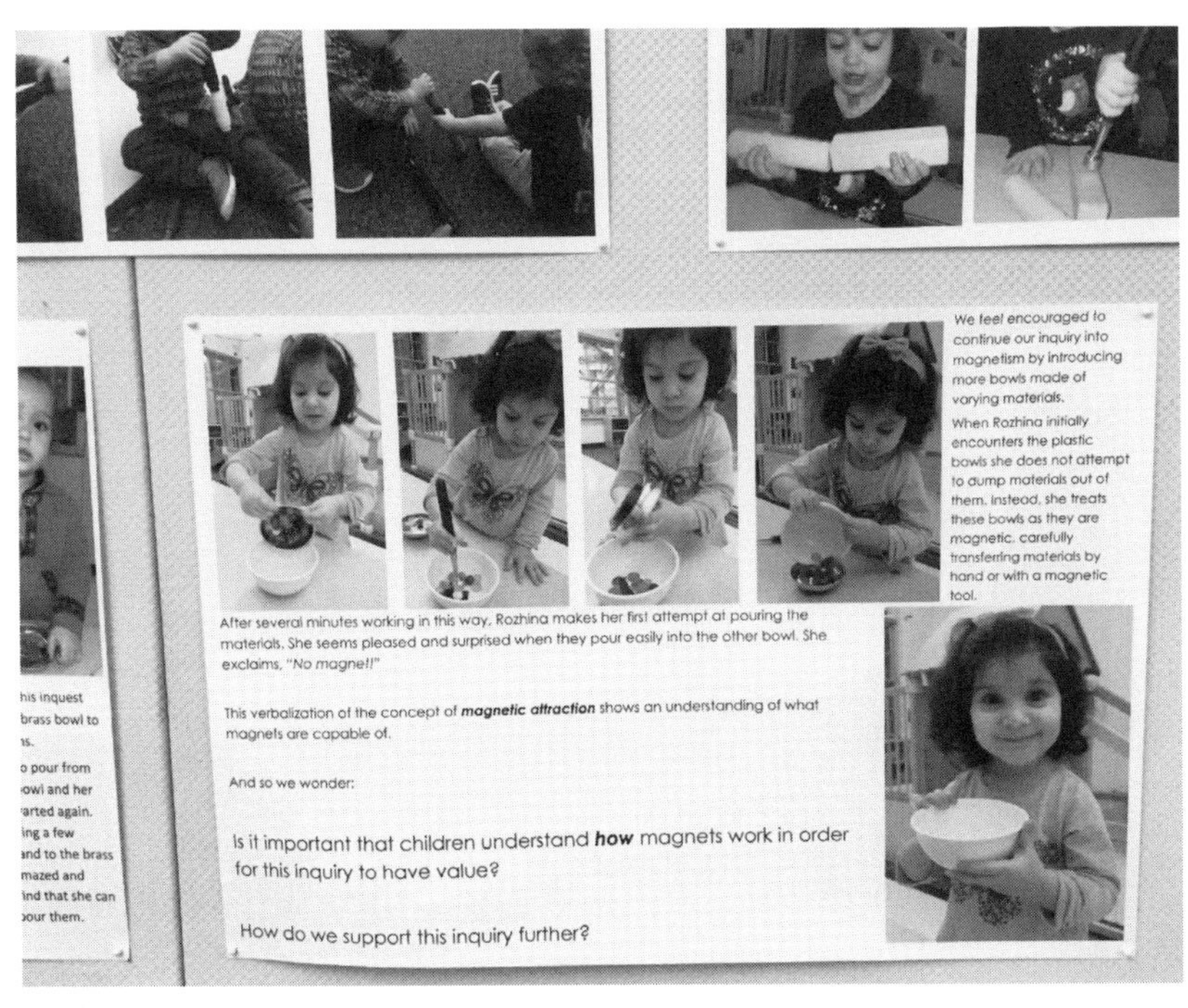

2-5 保育ドキュメンテーション：磁石の働きに気づいていく女の子

品や制作途中の作品、活動の様子の写真が、いたるところに、先生の解説とともに掲示されていました。保育のエピソードを、写真を用いながらテキストとともに紹介し、みんなで共有していくこのような取り組みは、保育ドキュメンテーションといって、日本の幼児教育の場でもひろがってきてはいますが、ポートランド州立大学附属保育園での記述は、徹底して個々の子供の活動やその痕跡、心の動きに焦点化されていました。

図2-5は、ひとりの女の子が試行錯誤しながら磁石の働きに気づいていく場面が紹介されているドキュメンテーションです。彼女のなかだけに起こっている出来事が丹念に観

察され、記述されています。その上で、「彼女のこの探究をさらにどのようにサポートしますか（How do we support this inquiry further?）」と、見る人一人一人に考えさせるような問いが添えられているのです。ドキュメンテーションの前で見る人同士が交流し、それぞれの考えが引き出されるようになっていて、サポートのあり方さえ、違いを味わえるようなしかけが用意されているわけです。

かの詩人、金子みすゞの《わたしと小鳥とすずと》という有名な詩があります。その最後は、こんなふうに結ばれています。

すずと、小鳥と、それからわたし、みんなちがって、みんないい。

知っている学生も多く、造形の授業の際によく、「みんな違っていいよね！　みすゞさんも言ってるよね！」と、話してくれます。

私は、この詩を「みんな違っていい」と解釈してはいけないと考えています。それでは「私は私、あなたはあなたで、それでいいよね」という意味になってしまいます。その解釈では、単に相対化が進むだけです。

言葉をゆっくり辿ってみましょう。「みんなちがって、みんない い」なのです。またこの詩は、この最後の一行だけが取り上げられることが多いのですが、この詩の本当の意味で重要なところは、詩の前半にあります。小鳥と私を比べ、私と鈴を比べることをとおして、小鳥の素敵さ、鈴の素敵さ、そして私の素敵さをそれぞれ再発見しているのです。その素敵さをそれぞれ感得した上で「みんないい」なのです。互いの違いを味わい合うための心のもちようと言えましょう。

それどころか、私たち一人一人のなかには「さまざまな私」が同居していますよね。こんな面も、あんな面も、そんな面もあって、すべて自分です。子供たちも、もちろんそうであって、一人の子供のなかにも多様なその子が存在します。それぞれが、そして全部がその子であることを受容したいものです。さらには、子供たちは短い時間のなかでもめまぐるしく変化しつづけます。子供たちの美術にはそれが如実に表れます。一つ一つを拾い上げ、味わって、その子に言葉で伝えてあげたいものです。「今日の君はこんなふうでいいね。明日はどんな君が待っているだろうね、楽しみだね」と。

そして、形や色として表れる違いを、子供たち同士の間でも味わい合えるように展開していくのです（4・3参照）。

2・4 「過程を大切にしてこそ、美術」

子供は作品を完成させたら先生に提出して、先生はそれらを保管しておき、採点の際に出してきて、その出来映えだけを見て点数をつけ、また保管しておいて、終業式の日にまとめて子供たちに返却する。小学校の図画工作で時折見られる、残念な光景です。

できあがった作品、つまり結果が大事ではないとは言いませんが、子供の美術において重要なのは、むしろ描いている、つくっている過程です。「子供が描いた絵は、その子にとっては排泄物のようなものだ」と言った美術教育者がいました。この表現は極端にしても、確かに子供は、描き終わったらぷいっと作品に関心を寄せなくなったり、せっかく描いたものを平気で塗りつぶしたりします。彼らにあるのは、描いている、つくっている「今」だけです。

次のエピソードは、私が以前務めていた大学の学生の話です。ほんとうに恥ずかしい話です。

学生が保育・教育実習に行くと、教員はその期間にその園や学校を訪問します。実習先の園長や校長、実習担当の先生に学生の様子を聞いたり、実習生本人を励ましたりアドバイスしたりしに行くのです。全国あちこち、巡回訪問をすることになります。

それは、とある小学校を訪問したときのことでした。実習生が、ちょうど図画工作の授業をおこなうということだったので、その日時に合わせて訪問しました。授業までには少し時間があったので控え室に通されて待っていると、その女子学生が挨拶をしにやってきました。思わず私は、「もう授業開始十分前です。私に気を使うことはないから、教室に行ってください。準備があるだろうから」と言いました。すると彼女は、「先生、大丈夫です。準備はできています」と言うのです。私はたいへん嬉しくなりました。準備が命とも言える図画工作の授業で、なんと、もうすっかり済んでいるというのですから。普通、慣れないうちは直前まであれこれと準備の最終確認をするので、精神的に落ち着かないものです。ちなみに私は、三十五年以上美術の授業をしていますが、今でも授業前は落ち着きません。

ほどなく教頭先生に教室まで案内された私は、ワクワクしながら授業がはじまるのを教室のうしろで待っていました。そして、授業がはじまりました。四年生です。

彼女は、「今日の図工の時間は、先生（私）を描いてもらいます」と言って八つ切りの画用紙を子供たちに配布しました。

「先生は前の机でじっとして、昨日の算数の丸つけをしています。かわいく、きれいに描いてね」

それだけです。本当にそれだけだったのです。そして彼女は本当に教卓の椅子に座って、本当にじっとして、算数の課題の採点をはじめたのです。私は目を、耳を疑いました。

指示された子供たちは、鉛筆で先生の姿を自席から描きます。しばらくすると、

「先生、どこから描けばいいですか」

「ここはどう描けばいいですか」

と教室のあちこちから手が挙がります。実習生は、

「好きに描けばいいよ」

と答えます。

十五分ほどして、ある子供が「先生、色をつけてもいいですか」とたずねました。

「はい。色をつけたい人は、自分のお道具箱から絵の具を出して、塗ってもいいですよ」

と彼女が認め、一人の子が色をつけだすと、次々と色をつけようとする子供が現れます。そして、

「先生、どんなふうに色をつければいいかわかりません」

と訴えます。

「先生はモデルで動けないので、自分で考えてね」

実習生は動きません。いえ、動けばモデルとしてまずいという理由からすると動けません。楽な授業です。そこで、参観者であった私は大忙しとなりました。絵の具の出し方、混色の仕方、水の差し方、雑巾の使い方、塗り方、筆の洗い方……。実習生を指導するはずの私が、子供たち一人一人に教えていくのです（笑）。いいえ、「笑」などと言っている場合ではありません。

どうりで彼女は授業前に、「準備はできています」と言ったわけです。画用紙を人数分数えて用意するだけなのですから。

しっかり指示して、しっかり見守る。確かに。指示内容は「明確」です。教卓から平等に子供たちを「見守って」いるとも言えましょう。しかし実際のところは、課題内容を宣言して、あとはほったらかし。彼女はおそらく、回収した絵を、宣言どおり「かわいいか、きれいか」で判断して成績をつけるのでしょう。それでおしまい。「絵」の単元を一つ済ませたというわけです。作品主義・結果主義の典型例です。

彼女は、私が直接、図画工作科指導法を担当した学生ではありませんでしたが、自分が勤めている大学の、しかも四回生。まもなく学校現場に出るかもしれないのです。私たち大学の教員はいったい何を伝えているのだろうと自責の念にかられました。授業が終わってその学生に、「今日はサポートをありがとうございました」とお礼を言ってもらったのですが、なんとも苦い思い出です。

授業の途中におこなう評価のことを形成的評価と言います。図工・美術の授業では、もっとも重要な評価です。先生が、受け止めたり、何らかの反応を返したりする、例えば、ほめたり、感心したり、ともに喜んだり、一緒に悩んだり、ときにはアドバイスしたり、それらすべてが形成的評価です。疎かにしてはいけません。

良い例も紹介しておきましょう。ある保育園での形成的評価活動の様子です。私のかつての教え子、のぞみ先生は、とことん子供に寄り添い、語りかけていきます。

「サンタさん、今頃何してる?」という題材です。まず**図2-6**を見てください。この完成作品だけを見ても、描いている間に何が起こったのか、どんなドラマがあったのかはまったくわかりません。わからないからこそ、子供の美術は過程が大事なのです。

2-6 題材「サンタさん、今頃何してる?」
りゅうしくん(5歳)

十二月、のぞみ先生は、五歳児クラスの子供たちに、

「サンタさんは今頃、何をしているのかな?」

と問いかけました。りゅうしくんは、

「プレゼントがベルトコンベアで運ばれていると思う!」

と言って、竹ペンをすいすいと走らせました。しばらくすると、

「のぞみ先生、僕、サンタが描けないんだ」

と彼の手は止まりました。先生は、

「サンタの服や顔はどんなのかな?」

と、人物を描けないと思い込んでしまっているりゅうしくんに、まずは具体的にイメージしやすい要素に着目させせます。

「赤い服にズボン、ブーツ。帽子も被ってる。ひげもある!」

とりゅうしくん。不安な表情は消えました。

しばらくすると、りゅうしくんはまた次々と壁にぶつかります。そのたびにのぞみ先生は、表現されたものを受け入れ、次への意欲につながる問いを投げかけていきます。

りゅうしくん「でも、どこから描いたらいいんだろう?」
のぞみ先生「好きなところから描けばいいんだよ」

りゅうしくん「やっぱりダメだ」
のぞみ先生「かっこいい素敵なブーツだよ」
りゅうしくん「ここが、無理だよ」
のぞみ先生「このまま行くと窓にぶつかってしまうんだね。でも真っ直ぐでなくていいんだよ。こんなポーズとかとっているかもね」
りゅうしくん「じゃあ、やってみようかな。次はどう描こう？」
のぞみ先生「足は何とつながっているかな？」
りゅうしくん「手が変になった」
のぞみ先生「手をひろげて驚いているみたい！」
りゅうしくん「顔がなんか違う」
のぞみ先生「さっきりゅうしくんが言った何かがないんじゃない？」
りゅうしくん「ひげだ！　帽子も！」
のぞみ先生「素敵なサンタさんだね。プレゼント見て驚いているのかな？　何が入っているんだろう」

りゅうしくんは自分の絵の出来映えに満足し、まじまじと絵を見つめたとのこと。

年長児になったばかりの頃、りゅうしくんは、絵を描くことが好きではありませんでした。どうやら、絵には正解があるという固定観念にとらわれていたようなのです。それまでの経験のなかで描くことの自由を獲得できていないと判断したのぞみ先生は、「必ずしも作品になるとは限らない、形や色、材料と格闘することそのものを大切にした活動」、すなわち「造形遊び」から指導をスタートしました。造形遊びのなかで彼が紡ぎ出す形や色を丹念に受容し、賞賛し、価値づけていくことをくり返したのです。そして、徐々に思いや伝えたいことを描く「造形表現」へと導いていきました（3・1参照）。この作品は、のぞみ先生の優れた「見る力」とりゅうしくんの「表す力」のコラボレーション作品なのです。

完成作品からだけでは、そこに、制作過程における子供の試行錯誤や先生の保育を見出すことは難しいですね。しかし、本当に価値ある保育・教育は、このように過程のなかに埋め込まれているのです。子供は、自らが表現していく過程に寄り添われ、励まされ、勇気を与えられることによってこそ、新しい自分をつくっていくことができます。この例は、何気ないことのように思われますが、まさに形成的評価活動の優れたかたちだと言えるのです。

3

子供の美術のすすめ方

いよいよここからは、子供への美術教育実践をいかにおこなっていけばいいか、その具体的な指導方法について述べていきたいと思います。活動の構想段階から終わり方まで、時間の流れに沿ってすすめていきます。

3・1 「活動の位置」をとらえる

まずは、そもそも園における造形活動とは、何を指すのか確認したいと思います。小学校の場合は、「図画工作」という科目として、「学習指導要領」やその解説書にその内容が明確に記されています。一方、「保育所保育指針」、「幼稚園教育要領」、「幼保連携型認定こども園教育・保育要領」では、造形活動を指す名称そのものも、その範囲も内容もはっきりと区分けして示されているわけではないので理解しづらくなっています。

そんなこともあり、園によって形や色や材料にかかわる遊びや活動すべてを「造形活動」と呼んだり、単に「造形」と呼んだり、子供の活動は遊びだから（そのとおりです）ということで「造形遊び」という言葉で一括りにしたり、「造形表現」とまとめて呼んだりしています。なかには造形という言葉を使わず、造形活動すべてを「製作」（一九八八年までの、幼稚園における保育内容の呼び方「絵画製作」の名残）と呼んでいる園まであります。しかもそのときどきによって呼び方が変わったり、あるいは先生同士のなかでも違ったりするのです。隣の園では呼び方が違うというのは、ごくありふれた状態です。まさにバラバラなのです。呼び方も、指している内容の範囲もぜんぜん違うので、ボタンの掛け違いが生じたまま、園同士、保育者同士の議論がかみ合わないのです。いいえ、この混乱は現場の先生のなかだけで起こっているのではありません。保育者を養成している大学等の教員のなかでも起こっています。

整理したいと思います。**図3-1**を見ながら読んでください。

園における造形活動は、まずは大きく二つに分けられます。「自由活動」と「設定活動」です。

「自由活動」とは、自由な時間におこなう活動です。お絵描きやモノ遊びなど、形や色、材料にかかわるあらゆる活動を指します。これは文字どおり「自由」ですから、子供が自分で好きに選択するものです。朝、園

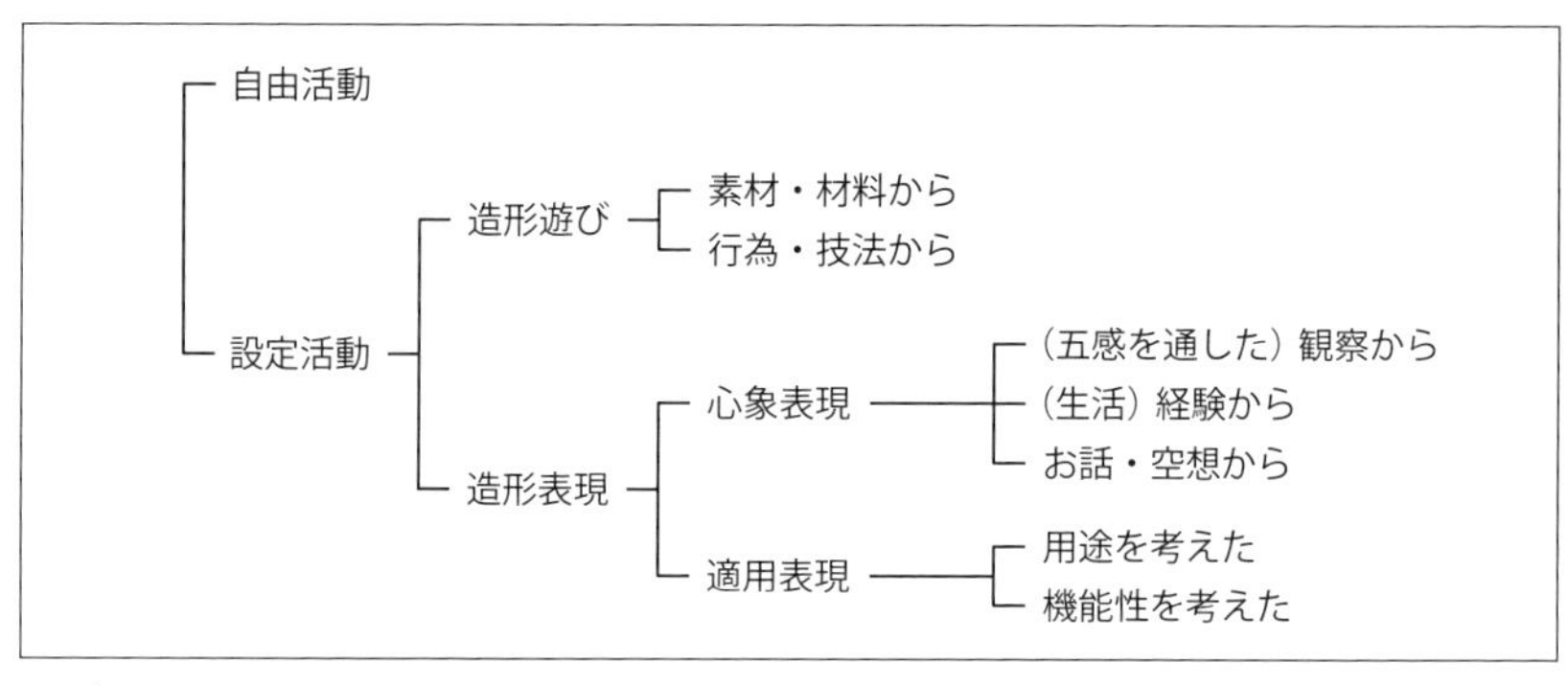

3-1 園における造形活動の範囲

にやってきてみんなが揃うまでの時間や、降園前のお迎えを待つ時間、まさに「自由な遊びの時間」として設定された時間がそれに当たります。ここでは、先生が子供たち全員を対象とするねらいを設定することはありません。もちろん、園での活動はすべて意図的・計画的なものだという視点に立てば、環境の構成を含め、ここにも広義な意味におけるねらいは必要ですが、それはいたって個別的で、緩やかなものです。

自由な時間は実に意義深いものですが、それだけに留まると、子供の遊びが限定され、経験がひろがっていきません（1・1参照）。そこで、「設定活動」を適切に組み込んでいく必要があります。「設定活動」は、すべての子供たちを対象として展開される意図的・計画的な活動です（クラスの子供たち一斉にという形態もありますし、何人かずつに分けて、ときには時間をずらして展開する場合など、方法はさまざまです）。

「設定活動」は、さらに二つに分けられます。「造形遊び」と「造形表現」です。「造形遊び」は、小学校の「造形遊び」と同じで、必ずしも作品になるとは限らない、形や色、材料とかかわること自体を目的とした遊びのことです。素材・材料からスタートしたり、行為・技法からスタートしたりすることが多く、はじめから作品をつくるという「目的」をもたないことが多い活動です。一方の「造形表現」は、小学校でいう「絵や立体、工作」に相当します（ちなみに中学校では「絵画・彫刻、デザイン・工芸」につながっていきます）。「造形表現」は、おおよそのテーマや目的をもった上でスタートする活動です。

ここで注意したいのは、「造形遊び」は設定活動のなかにあるということです。つまり、「遊び」という名称が付いていますが、意図的・計画的な活動内容なのです（小学校図画工作科では、「造形遊び」は六年生までしっかり位置づけられています。教科のなかにあることに留意してください）。自由な時間に自分の描きたいもの、つくりたいものを、自由に描いたり、つくったりする活動とは性格が異なることを強調しておきます。

さらに「造形表現」は、「心象表現」と「適用表現」の二つに分けられます。

「心象表現」（小学校では「絵や立体」に相当）は、自分の思いや感じたことを表す活動で、完成した作品は基本的には見る（鑑賞する）だけのものです（「だけ」というのは低く見ているのではありません。むしろ、だからこそ深い！）。「（五感を通した）観察から」、「（生活）経験から」、「お話・空想から」というように、きっかけで分けられます。「適用表現」（小学校では「工作」に相当）というのは、描いたり、つくったりしたあとに、それを使ったり、動かしたり、それで遊んだり、何かを伝えたりする活動を指します。用途や機能性を考えて描いたり、つくったりするわけです。「合目的的」と言い換えられるでしょう。

さて、みなさんが今、目の前にいる子供たちに提供している、あるいはこれからおこなおうとする造形活動は、この図のどこに位置づけられるでしょうか。それを自覚しておくことが、子供たちにつけていく力を明確にするとともに、活動をバランスよく提供するために必要なのです。

3・2 「造形過程」をイメージする

子供たちにどのような活動を提供するか、その「造形過程」を想定します。「いわゆる大人」たちは、造形活動とは、「まず何を描くか・つくるかを考えて、次に材料や用具を選択して、そして実際に行為に移す」ものだと考えている節があります。「目的→材料→行為」という過程ですね。もちろん、間違いではありませんが、これは、いろいろな造形過程のうちの一つにすぎません。

子供たちは、材料に触れているうちに、あるいは実際に何か行為をしている最中に、「いいこと考えた！」とよく言います。そのときは材料や行為が先行していて、描きたいこと、つくりたいこと、つまり目的があとに発生しているわけです。あるいは活動が終了し、作品らしきものができあがったあとに、「これは○○だよ」と、あとづけでそれに意味をもたせることもしばしば。この場合は、目的は終了後に立ち上がっているわけです。「目的が活動終了後に立ち上がるなんて！」と思うかもしれませんが、子供の美術は往々にしてそういうものです。いいえ、芸術家だってそんなことがしばしばあるのです。小学校の図画工作科で、学習内容として明確に位置づけられている「造形遊び」も、目的よりも材料や行為を先行させる活動です。

しかしながら、先生のなかに、そういったさまざまな造形過程があるということがひろく理解されていない現状があります。描いたり、つくったりする活動は、目的をもってはじめるのが当然だと思い込んでいると、造形活動や図画工作はいつも、「今日は、〜を描き（つくり）ましょう」からはじまることになってしまいます。そのはじまり方がよくないと言っているのではありません。いつもそうなっていることがいけないのです。


ある小学校で、一年生の図画工作の時間を参観しました。図画工作専科の先生による授業でした。言うなれば図画工作科指導のプロです。教室の黒板には、「ハデハデ怪獣をつくろう」と丁寧に書いてありました。先生は、子供たちに今日の課題の説明をはじめます。

「今日は、四つ切りの画用紙に『ハデハデ怪獣』をつくります。材料は、ここに持ってきた広告の紙です。これを切ったり、貼ったりして表しましょう」

子供たちは先生の言うことをしっかり聞いています。先生は、色とりどりの広告紙を大量に用意していて、じゅうぶんに準備されたことがうかがえます。それを見た子供たちのワクワク感が伝わってきます。

次に先生は、

「このなかから、『ハデハデ怪獣』の頭、胴体、手と足、しっぽの部分を選んで、切って画用紙に貼っていきましょう」

と指示されました。

さて活動がはじまると、子供たちはさまざまな広告紙を手にしながら、「あーだ、こーだ」と叫び合ってい

ます。破いたりちぎったり、はさみで切ったり、とても楽しそうです。するとある男児が、

「先生、これで僕、ロボットをつくりたい」

と言いました。先生は、

「それはわかるけど、今日は『ハデハデ怪獣』をつくるのですよ」

と諭します。次にある女児が、

「人形をつくりたい」

と言いました。先生は、

「それはわかるけど、今日は『ハデハデ怪獣』をつくるのですよ」

とまた諭します。

大量で色とりどりの材料を目の前にして、子供たちはつくってみたいもの、表してみたいものがどんどん浮かんできます。それほど材料が魅力的だったのです。ですが今日は、ハデハデ怪獣をつくらなければならないという目的がありました。

授業後、その先生は私に、「あの『ロボットをつくりたい』と言い出した子は、いつも教師の言うことが理解できないのです」と、苦笑いしておっしゃいました。驚きました。ロボットをつくりたいというその子の発想はとてもいいと思うからです。一緒に参観していたクラス担任（全科の先生）は、「まず広告紙でもっと遊ばせればいいのに」とつぶやいておられました。もっともな意見です。

目的をもたせてスタートする図工の授業が必ずしも悪いわけではありません。例えば「怪獣」が、今、クラスのなかで話題になっていて、それを子供たちは日常的にパスで描いている。このあたりで広告紙を導入すれ

ば、これまでにないハデハデ怪獣が生まれてくるはずだというクラスの状態の時に「ハデハデ怪獣をつくろう」という題材は成立するでしょう。

しかし、紹介した実践の「ハデハデ怪獣」は、完全に先生の発想でした。「これだけ色とりどりの広告紙があるのだから、切ったり貼ったりして何かをつくれば派手なものができあがって楽しいな。何をつくらせようか。怪獣なんか、いいな。空想の生物だから、どんな怪獣もありだしな。いろんな色や模様の怪獣が生まれたら断然おもしろいぞ。よし、『ハデハデ怪獣』でいこう!」というわけです。先生自身は、その発想が楽しく、嬉しかったことでしょう。先生自身は、いろいろな広告紙を使って、切って貼って、「ハデハデ怪獣」をつくるという工程を考えました(材料→行為→目的)。ですが、子供たちからすると、「ハデハデ怪獣」をつくるために、それに合わせて広告紙を使い、切って貼って表すように指示されたのです(目的→材料→行為)。

せっかく魅力的な材料を使うのですから、その材料のひろがり、可能性に依拠して、材料からスタートし、つくるものを考えていく方が、子供たちの思考力、判断力、表現力を引き出すことができたはずです。豊かな形や色、素材は自ずと創造的思考を引き出します。

先生からすれば、「ハデハデ怪獣をつくるという目的の下、広告紙という材料を効果的に使うことができること」が指導のねらいだったのでしょう。評価もそれに沿っておこなわれることになります。しかし、そのねらいの設定自体が子供たちみんなのやる気に置き換わっていないのです。「ロボットをつくりたい」と言った子供は、その目的をもった時点で評価外(低評価)とされてしまいます。

重要なことは、「ハデハデ怪獣」をつくること自体ではなく、子供たちの思考をひろげ、深めてあげることです。材料とかかわってみたり、行為を先行させてみたりすることで生まれてくる発想や想像、判断を大切にし、育ててやらねばなりません。そうやって子供たちは自身を拡大させていくのです。この実践の問題点は、先生が、造形過程とは「目的→材料→行為」の順ですすむものであると決めつけているところにあります。

大学で学生に、材料に触れることや行為を先行させる活動をさせると、学生の多くが「何も考えてないのにできた。ときには何も考えずに作品をつくることが大切ですね」と、よく言います。学生は「何も考えていなかった」わけではありません。目の前にある、あるいは出てきた形や色、材料によって思考が誘発されたのです。実はそれも「私が考えた」ことです。形、色、材料にまずはかかわってみて、組み直したり、再発見したり、再解釈したりする、それも大切な造形過程の一つなのです。

いろいろな造形過程のなかから、目の前の子供たちを分析して、どれを選べばいいかを考えることが必要です。パターンとしては、①目的→材料→行為、②目的→行為→材料、③材料→目的→行為、④材料→行為→目的、⑤行為→目的→材料、⑥行為→材料→目的の六通りが考えられます。どれかに偏ることのないように、バランスよく活動を提供していかなければなりません。もちろんこの六通りは、活動の起点を「目的」か「材料」か「行為」に分けたに過ぎず、いざスタートすれば、あとは、この三要素が入り乱れ、行きつ戻りつしながら進んでいくことになります。

3·3 「ねらい」を設定する

保育・教育は、当然のことながら意図的・計画的な営みです。先生が目の前の子供たちを事前に分析して（診断的評価と言います）、その子供たちに必要とされる活動を導き出し、指導・展開していきます。そこには指導の「ねらい」が不可欠になります。

美術という活動は、テーマ（目的）〈what〉、材料〈by〉、方法（行為・技法）〈how〉の三つの要素で成り立っています。簡単に言うと、「何を描くのか・つくるのか」、「何を使って描くのか・つくるのか」、「どんなふうに描くのか・つくるのか」です。

三つを全部固定すると作品は画一化し、教室の展示スペースには同じ作品がざーっと並んでしまうことになります。三つを全部自由にするのは放任です。それは「何を描いてもいいよ、何を使って描いてもいいよ、どんなふうに描いてもいいよ」ですから、何も指導しないということです。三つのうち、一つあるいは二つを固定して、一つあるいは二つは自由にします。固定した要素に子供たちは安心感を覚え、自由な要素に夢中になることができます。画一化は、美術としてあってはならないことであり、放任は保育や授業とは呼べません。

次に紹介するのは、私が参観した小学校三年生の授業です。

教室に入ると黒板には、美しく大きな字で「へ～んしん！木であそぼう、木をつなごう」と書いてありました。材料や用具の置き場がわかるように図示されていて、教室内の釘を打つ場所には「トントン」、のこぎりを引く場所には「ギコギコ」と表示されています。そして、木をつなぐ方法（キリで穴をあけて、釘を打つ）が、写真と先生が描いた図で示されています。そんな図工室に入って、参観者である私もワクワクしました。

活動がはじまりました。子供たちのなんて楽しそうな姿！　夢中になって木と格闘しています。船をつくりはじめる子、お城のようなお家をつくりはじめる子、キリンをつくりはじめる子、庭をつくりはじめる子もいます。時折、参観者である私にも「見て、見て」と、制作途中の作品を見せにきてくれます。

〈what〉〈by〉〈how〉のうち、〈by〉は木材と用具（釘、のこぎり、キリ、金槌）、〈how〉は「（のこぎりで）切って、（釘を金槌で打って）つなぐ」ということで、この二つの要素は固定されています。そして、〈what〉が自由なわけです。固定されている二要素に子供たちは安心します。そして自由な部分に自分の思いを集中させ、没頭できるのです。とてもいい設定だと感じました。

すると、授業終盤のことでした。ある子供が言いました。

「先生、くっつかないのでボンドを出してください」

先生は、

「そうだね、ボンドを出そうか」

と言って、準備室から木工ボンドを出してきました。

新たなアイテムを手に入れたその子は、どんどんボンドで木をくっつけていきます。他の子も真似をしはじめます。何人もの子供がボンドを使いはじめました。

すると今度はボンドを使っている子のなかから、

「先生、ボンドがなかなか乾かないので、次にすすめられないです。テープを出してください」

と言う子が出てきました。先生は、

「そうだね、ボンドはなかなか乾かないね。テープを出してくるね」

と言って、また準備室から数種類のテープを出してきました。その子はたいへん喜んで、木をどんどんテープでつないでいきます。

かくして、三種類に分類される作品ができあがりました。一種類目ははじめに指示されたとおりに木材を切って釘でつなげてつくった作品、二種類目はボンドで貼りつけられた作品、そして三種類目はテープでぐるぐるに巻かれた作品です。

さて、先生の設定したねらいは何だったでしょう。木にキリで穴を開けて、釘を打ってつなげていく行為に誘い込みながら、自分のつくりたいものをつくることだったはずです。それが課題（ねらい）だったに違いありません。先生は、その条件の下での子供たちの工夫や創造性の発露を期待していたと思います。導入や板書、提示された図からもそれは明らかでした。しかし、子供たちの要望に応えたがために、それが途中で変更されてしまったのです。

条件から外れた、テープを使うことを思いついた子供を、先生は低く評価するべきでしょうか。子供がそれを考えたことは何も悪いことではありません。それを許してテープを出したわけですから、先生のねらいから外れていても、高く評価をしなければなりません。一方、当初の指示どおり、木材と釘とのこぎりとキリと金槌で工夫してつくった子供は発想が弱かったのでしょうか。そうではないはずです。

先生は、授業のねらいに即して、「今日は、木と釘とのこぎりとキリと金槌しか使わないんだよ。その条件のなかで工夫してごらん。できるかな？ 難しいけれど挑戦してみよう」と答えるべきだったのです。子供たちを半ば挑発して、子供たちが「それならその制限のなかでやってやろうじゃないか」というようになったとき、工夫が引き出せます。決して自由を奪うことにはなりません。木と釘とのこぎりとキリと金槌だけを使ってできる、できたという新たな「自由」を獲得するわけです。

ここで、これまで本書で取り上げてきた実践事例について、〈what〉〈by〉〈how〉の観点から振り返ってみたいと思います。

ある保育園でのタコをつくった実践（1・4）は、三つが完全に固定されていました。さらに手順さえ一切の自由はありませんでした。

ポートランド州立大学附属保育園での、さまざまな素材・材料を使った実践（2・3）では、〈what〉と〈how〉は固定されていて〈by〉が自由だったので、その部分に子供たち一人一人のよさ、素敵さが見出せました。

小学校で実習していた学生の授業（2・4）では「先生の顔を描く」という〈what〉の部分だけが固定されていて、一見望ましいかと思いきや、いかんせんこの〈how〉と〈by〉は、実は自由ではなく完全な放任でした。固定とか自由ということを議論する以前の問題です。

保育園でののぞみ先生の実践（2・4）は、〈what〉と〈by〉は固定されていて、〈how〉の部分が先生のかかわりによってひろく開かれたものでした。

そして、小学校での「ハデハデ怪獣」の実践（3・2）は、三つの要素が全部固定されていて、そのことからはみ出ようとする（それは実に子供らしいことですのに）ことが否定された事例でした。

三つの要素のうち、何を固定し、何を自由にするか、それをじゅうぶんに考え、明確にすることが求められます。固定した要素はしっかり力をつけてあげる部分です。その点は全員が到達できるように導きましょう。一方、自由にした要素については、徹底してその子供の自由を保障しましょう。そして、それらを保育案や指導案に明記し、指導中にブレないことが重要です。それが美術教育における「ねらい」を設定するということです。

3・4 「計画・準備」をする

教育実践には、事前の計画が欠かせません。計画は、子供たちの現状をしっかり分析すること、「ねらい」を設定すること、それに合わせた適切な題材を設定すること、その題材の研究を深めること、評価基準を定めること、どのような指導を展開するかの見通しを立てること、さらには実際に保育案や指導案を作成することなど、多岐にわたります。

とくに美術は、実際にモノ（素材・材料、道具・用具）を扱うので、物理的な準備も不可欠です。それは美術の特性でもあります。粘土一つにしても、折り紙一枚にしても、クラスの子供たち全員の分を用意するためには、当日の朝に思い立っているようでは間に合いません。ですので私は常々学生に、「美術は計画と準備が命」と伝えています。そこで半分以上、成否は決していると言っても過言ではありません。

しかしながら、その計画に縛られすぎてしまっても適切な授業実践はおこなえなくなります。

保育における「計画」の役割について論じているのが認知心理学者の佐伯胖（ゆたか）です。佐伯は、認知科学者のルーシー・A・サッチマンの、「計画は行為のための資源である」という考えを引きながら、保育においても「計画」とは、読み替えたり組み替えたりしながら、「使えるところだけ」を使い、その場の周辺の環境に合わせて、適切な行為のために「利用」するものだ。そういう「資源」をあらかじめ用意しておくことが計画を立てるということであって、その場の状況に合った適切な行為を選択するために大切なのだと述べます（佐伯胖『幼児教育へのいざない——円熟した保育者になるために』東京大学出版会、二〇〇一年、一八〇～一八一頁）。

私はこの考えにならって、「計画と準備は、実践のための材料だ」と言ってしまいたいと思います。学生たちや現場の先生には、「計画と準備は完璧に、実践はいい加減に」と伝えています。だいたいで構わないという「いい加減」ではなく、「よい加減」に対処しましょうという意味です。

保育・教育を学ぶ学生たちや、また経験の浅い保育者・初等教育者は、「計画や準備が大切だ」と聞くと、真面目に取り組むのですが、それゆえに立てた計画に縛られがちです。綿密に計画すればするほどに、その計画にこだわってしまうのです。目の前で起こっている子供の様子に感覚を研ぎ澄ませながら、その都度その都度、臨機応変に計画を微調整したり、ときには変更したりすることが求められます。美術の場合は、それは材料や用具の準備にまで関係します。不足していないか、出し過ぎていないか。足すべきか、ときには引っ込めるべきか。モノを介する活動だけに、想定しておく観点は多いのです。

計画や準備をしっかりしておけば、実践のなかで当初の計画とのズレを瞬時に、的確に自覚することができ、ズレに対してどう対処していくべきかも見えてきます。計画どおりになるよう戻すのか、今はそのまま進んだほうがよいのか、落ち着いて考えることができます。

もちろん、「ズレに対していい加減に対処する」ことと、前節の「ねらいがブレる」こととはまったく意味が違います。

3・5 「導入」を演出する

保育の場ではよく手遊びがおこなわれます。歌に合わせて身体を使って、みんなが楽しい気分になります。また子供たちを一つのことに集中させたり、心を落ち着かせて指導者に注目させたりする効果もあります。見ていて微笑ましく、気分がワクワクしてきます。

それが造形活動をはじめる前に使われることがあります。「♪キラッ、キラッ、キラッ、キラッ、手はおひざ〜。はい、今日はゾウさんの絵を描きます」。この場合の手遊びは活動の導入ではありません。

あるいは活動の前に絵本を読んであげるのはたいへん素敵なことですが、これからはじまる活動に関連していない絵本では、活動の導入にはなりません。

見た夢を描くというのなら、導入として先生は、自身が見た夢を子供たちに語ってあげましょう。お互いが見た夢を発表し合いましょう。お芋掘りの絵を描くのなら、お芋掘りの様子をみんなで身体を使って再現してみましょう。お芋さんの気持ちになってみましょう。お芋掘りをしたときの気持ちを交流し合いましょう。

保育案や学習指導案の「導入」の欄に、「これからおこなう活動の説明をする」などと記すのも的外れです。導入とは、何を描くか、つくるかの宣言でもなければ、描き方、つくり方の説明でもありません。導入とは、子供たちがその活動がやりたくてたまらなくなるような、先生がしかけていく「演出」なのです。

とある幼稚園の、素晴らしい導入の実例を紹介します。それは、一般的にイメージされるような導入のかたちではありません。

その園を訪問して、最初、保育室に入ったときには、なんだか違和感をもちました。やけに子供たちが静かなのです。活動スペースの周りに、みんなが等間隔にちょこんと座っていて、とても行儀がいいのです。私は、「これはずいぶんと管理が強い園なのではないか」と思いました。しかし、その予想は見事に覆されます。子供たちが静かで行儀がよかったのは、日頃から先生の保育展開が魅力的で、いい意味で、指示に従った方が活動がよりおもしろくなるということを子供たちが体感していたからだったのです。子供たちはワクワクしながら静かにそれを待っていたのです。

保育室前のテラスに、薄茶色の模造紙をつなげてとても大きなフィールドが用意されていました。十二畳大以上あったと思います。それはもちろん、先生が事前に準備されたもので、もうすでにこの環境設定が導入の一部として子供たちを惹きつけています。その周りを取り囲むようにして四歳児たちが十八人、座っています。

そこに、担任の先生が大量の水色の絵の具が入ったバケツを持って現れました。そしてそれを空のペットボトルにじょうごで満杯に注いでいかれます。

「みんな、手を出してください」

先生がおっしゃいます。そしてペットボトルを、座っている子供たちの両手の上に持っていかれます。ペットボトルの底には穴が空いていて、その穴を先生は当初、指で塞いでいたのですが、その指を離すと、絵の具が滴ってきます。子供たちの両手に、つぎつぎと水色の絵の具がポトポトーっと落ちていきます（図3-2）。

「冷たーい！」

「気持ちいい！」

子供たちが叫びます。六月のことです。

この間、言葉による活動の説明は一切ありませんでした。開放的な空間、大きくて何も描かれていないまっさらな模造紙、大量の絵の具、そしてその絵の具を思いがけず手のひらで受けたときの触感、みんなの驚きと笑顔。そういったすべてのもの・ことが「導入」となって、これからはじまるであろう活動へのワクワク感は最高潮に達します。

指の間からしたたり落ちた絵の具を皮切りに、子供たちは、敷かれた模造紙に絵の具をぬたくっています。どんどんひろげていきます。先生は、ペットボトルに水色の絵の具を何度も補充して、何周も子供たちを回っていきます。次第に模造紙全体が水色に染まっていきます。

「ここはまだ白い！」

「こっちも！」

と、みんなで白いところがなくなるまで一生懸命塗りひろげています。肘を使っている子供もいます。途中からは足も使いはじめました。

やがて模造紙は一面水色に。先生の先導で万歳三唱です。子供たちは、その上に転がったり、泳いだりしています。

つづいて先生は、保育室で飼っているザリガニの「ザリちゃん（実名）」を連れてこられました。

「部屋からザリちゃんを連れてきたよ！」

先生が言いました。実物ではありません。ザリちゃんは本当に飼育してはいるのですが、連れてきたのはビニール袋でつくられたザリちゃんです。

ビニール製のザリちゃんのお腹はパンパンでした。そこには赤色の絵の具が詰まっているのです。また子供たちは両手を差し出します。先生は真っ青になった子供たちの手に、今度は赤色の絵の具を順に垂らしていきます。子供たちはハイタッチで互いの両手を合わせたり、肘や二の腕の部分まで塗りひろげたりしています。みるみるうちに子供たちの手は紫色に。

「色が変わった！」

「紫になった！」

子供たちはその魔法のような変化に驚いて、目を見張っています。そして子供たちの頬や顎までもが青、青紫、紫、赤紫、赤に彩られていきます。やがて海のようだった模造紙も、全体が紫色に変化していきました。

先生が、「なんだかみんな、本当のザリちゃんのような色になったね」と言うと、子供たちの間でザリガニごっこがはじまりました。みんな模造紙に這いつくばってザリガニになり、おしゃべりしたり、遊んだりして

3-2 水色の絵の具が手のひらにポトポトー

います。

つづいて、そこに教頭先生が登場します。

「誰だー、こんなところで楽しそうに遊んでいるのは！」

両手を上に挙げて襲いかかるような格好で、太くしゃがれた声で子供たちを脅かします。

担任の先生は、

「ラドンがやって来た！ みんな、寝転んで。頭を下げて。じっとして！」

と子供たちを導きます。ちなみに、「ラドン」とはゴジラ、モスラとともに東宝三大怪獣のうちの一匹です。最初の登場は一九五六年。近年の映画にも登場するからでしょうか、ともかくラドンが、大きな恐ろしい鳥型怪獣であることを子供たちは了解しているようでした。

ラドンは上空から、ザリガニ（子供）たちを狙っています。

「上から見ていても、動いたらすぐにわかるぞ。食べてやる。どうだ、どの子が動いているかなー」

と、また太く低い声。子供たちは、担任の先生とともに静かに息を潜めるようにして伏せています。動いてはいけないことを悟るのです。

ラドンはあたりを飛び回っています。

担任の先生ザリガニは、子供たちザリガニみんなにヒソヒソ声で（実際はとても大きなヒソヒソ声ですが）話しかけます。

「みんな、どうしたらラドンを追い払えるかな」

ヒソヒソ声での会議がはじまります。

3-3 みんなで怪獣ラドンをやっつける！

ラドンは、つぶやきます。

「ん？ 何だか声が聞こえるが、誰も動いていないいな。おかしいいな」

子供たちは、しばらく話し合ったあとに、

「一人一人ではラドンに勝てないから、みんなでいっぺんに立ち上がってやっつけたら勝てるよ」

という結論に達しました。みんな納得。

そして、担任の先生の号令で、子供ザリガニたちが一斉に立ち上がり、みんなでラドンめがけて襲いかかっていきました（図3-3）。

それでも子供たちは、誰一人として本当に手足を使ってラドンを攻撃しないところに私は感心しました。それは、まさにごっこ遊びの神髄を見たようでした。

「わーっ、これは敵わん！」

ラドンは職員室へ逃げて行ったのでした。

その後、再び全員で模造紙の上に集まって座って、担任の先生のファシリテーションで活動の振り返りがはじまりました。「振り返り」というと堅苦しく聞こえますが、まったり、ワイワイ、実に楽しげに、今起こったことを思い出しながら語り合うのです。子供たちの表情は満足感でいっぱいでした。

子供たちが水道場へ去って行ったあと、そこに一人残った私は紫色でくしゃくしゃになった模造紙を眺めながら、今、目の前で起こったドラマのような活動を思い返していました。

まるで台本があるかのような展開。たとえあったとしても、年中児がそのとおりに振る舞えるはずもありません。しかし、なぜ、こんな素敵な活動が当然のようにくりひろげられるのでしょうか。それは、すべての展開が子供たちにとって魅力的なものだったからなのですが、すでに導入から優れた演出がはじまっていたからこそだと思います。

前述したように、一般的な言葉による導入というものはありませんでした。導入というと保育者は、まず何か子供たちに語りかけて、言葉で先導していくことを思い浮かべるのが一般的です。しかしこの実践では、行為を先行させていました。子供たちの手のひらに、ただ水色の絵の具を垂らしていくことからはじまったのです。手に落ちてくる水滴を皮膚で感じながら、その冷たさに触れながら、心も身体も遊びに向けて発動するわけです。絵の具、色に衝撃的に楽しく出会うわけです（3・6参照）。「準備万端、さあ本格的に遊ぶぞ！」と、口には出しませんが、子供たちの表情がそれを物語っていました。

「導入」からは話がずれますが、この活動が、他にどんな点で優れているのか、以下に挙げておきたいと思います。

- 混色による色の変化に物語的に出会うことができている。「青色と赤色を混ぜてみるとどうなるかな」という導きで出会っていくのも素敵なことですが、「お話」のような流れのなかで自ら発見するのは、感動が大きいですね。
- 造形表現とごっこ遊び（劇的表現）が自然と融合している。未分化な子供たちには、造形表現は造形表現、劇的表現は劇的表現というように、分化した展開はそぐわないのです。小学校以上になると、「教科横断的な学び」などと言って、意図的に教科をつなげたりします。それは実は、大人の教え方が分化してしまっていることに対する自戒のようなものです。
- 切羽詰まった状況（怪獣に食べられる）を設定することで、子供たち同士の対話や互いの協力を自然に引き出し、問題解決能力の基礎を育むことができている。
- 教頭先生との綿密な連携による、つまりそれは園全体での保育が実現していて、活動にひろがりや深まりをつくり出すことができている。組織として保育していくことの意義が浮かび上がります。

最後にもう一度、確認したいと思います。導入とは、これからはじまる活動へのスイッチが自ずとオンになるような先生からの働きかけ、魅力的な演出を指すのだということです。子供たちの気持ちが、「先生がやろうと言うからやる」のではなく、「自分がやりたいからやるんだ」という状態に変換されることが重要です。それが、「主体性を引き出す」ということです。

3・6

「材料や用具との出会い」の場をつくる

子供たちが初めて手にする材料を用いる場合には、まずはその材料そのものとかかわる時間をもちます。その材料で何かをつくるというわけではなく、とにかくいじってみる、あるいは格闘する、仲良くなる。その行為自体を目的にするのです。やがて子供たちは、その材料はどんな性格をしているのかを理解し、どんな可能性があるのかを模索しはじめます。そして、材料そのものとのかかわりを小さく卒業するわけです。材料そのものが気になる段階を越えることによって初めて、描いたり、つくったりすることに集中するようになります。

用具も同じです。はさみならはさみ、クレヨンならクレヨンにまずは触れ、その用具がいったいどんなものであるかを模索し、理解するのです。はさみで何かを切り取ってつくるのはそのあとです。クレヨンで何かを描くのはそのあとです。

例えばはさみなら、①切り落とす、②真っ直ぐに切り進める、③途中で止める、④丸く切る、という四つの段階があります。第一段階にいる子供たちには、次々と紙を切り落とさせて、小さい紙片を生み出させます。じゅうぶんにその行為を楽しんだあと、それらを集めて「吹雪のなかを歩こう」を楽しみたいところです。「このあと『吹雪のなかを歩こう』ごっこをするので、まずは紙を切ろう」ではないのです。

次には真っ直ぐに切り進めて、「誰がいちばん長いのをつくれるかな」と、競争します。その後、おそば屋さんごっこに展開したいですね。「今日はおそば屋さんごっこをするので、まずは長い紙をつくろう」ではないのです。

例えばクレヨンに初めて出会った子供は、この、目の前に現れたカラフルな物体はいったい何ものなのだろうという好奇心にあふれています。クレヨンに巻かれた紙を剥ぎ取りたい衝動に駆られ、その感触を楽しんでいます。手に持って何かの上で動かしてみると、その軌跡が残る不思議な棒であることにも気づきます。そして、とにかく線を引きたい、いろんなところに線を描いてみたい、いろんな色を使ってみたいわけです。すると先生に叱られるのです。「遊んではいけません、それは絵を描くためのものです」と。大人にとっては何かを描く用具かもしれませんが、子供にしてみれば、今はまだ、出会ったばかりの新しい友達みたいなものなのです。

まだクレヨンとじゅうぶん仲良くなっていない段階で、「クレヨンを使って、～の絵を描こう」といきなり誘っても、子供たちはよく理解できません。「クレヨンを使う」ことと「何かを描く」という新しい課題が、いっぺんに二つ示されることになるからです。

保育や初等教育を学んでいる学生たちはすっかり大人になっていて、材料や用具と仲良くなる段階をショートカットしてしまいがちです。粘土も木も絵の具も、何かを描いたり、つくったりするためのものだと思い込んでいます。ですから、実習等でも、子供たちが初めて出会う材料・用具を渡して、すぐに「～を描いてみよう」、「～をつくってみよう」と指示してしまうのです。

材料を材料として、用具を用具として機能させるために、それらとじゅうぶん仲良くなるための時間、出会いの場がまずは必要なのです。

私が保育者や初等教育者を目指す学生たちにおこなっている実践をいくつか紹介します。

例えば粘土。

白い紙粘土を学生たちに配布すると、粘土板の上にそれを置いて、じっとお利口さんにしています（学生に失礼な言い方ですが、まさにそうなのです）。「～をつくりなさい」という私からの指示を待っているようです。私は「まず触りなさい」と言います。「もっと触って」と促します。「先生、今日は何をつくるのですか？」と学生はたずねてきます。「いやいや、まず触って」とくり返します。しばらく「触って」としか言いません。

少し時間をかけたあと、「粘土にどんな働きかけができますか？」と私はたずねます。すると学生たちは、「何かつくる！」と言ってきます。「いやいや、どんな働きかけができるか、ですよ」、「もっと触って。今、何をしていますか？」と自分の手に注目させます。ずいぶん時間をかけることで、すると少しずつ出てきます。その出てくるペースの遅いことには毎回、驚かされます。ずいぶん時間をかけることで、「こねる」、「伸ばす」、「押す」、「ひろげる」、「穴を空ける」、「まるめる」、「くっつける」、「つなげる」、「ひねる」などが出てきて、そのうち、「転がす」、「投げる」、「踏みつける」、「色をつける」、「乾かす」、「水で溶かす」といったひろがりを見せます。調子に乗ってくると「食べる」という学生も出てきます。「そうですよね。子供たちが何か食べものをつくったら、おいしいねって食べてあげますよね」などと言いながら、材料の可能性に目が向くように仕向けていきます。

その後はグループで「造形しりとり」をやったり、「かたち当てゲーム」をやったりして、とにかく粘土と仲良くなるためのプロセスを大切にします。紙粘土に少しずつ水を混ぜていってトロトロの液体にして、それを濃い色の画用紙に手で塗りたくるフィンガーペインティングをすることもあります。乾くと画用紙からはがれてパラパラと落ちてきます。洗濯のりを混ぜて画用紙に定着させたりもします（絵の具には糊成分が入っているから紙に定着するのだということが学べます）。粉絵の具を混ぜるとパステル調の絵の具モドキに変身。

その日の活動はそれだけに留めておきます。そのようにして、粘土という材料にじゅうぶん触れて、それがどんな性格で、どんな可能性を秘めているかを目と手で確かめます。それから次の授業で、何かをつくるということに導いていきます（何もつくらないこともしばしばです）。

例えば木。

学生は一人一回、両手で持てるだけの木片を黒画用紙の上にひろげます。積み木の感覚が戻ってくるのでしょうか、さすがに学生たちは何も言わなくても自由に触っています。

いろんな種類の木片が混ざっています。まずは、よく見させます。色を頼りに、種別に分類します。あるいは、「その木片は、一本の木だったときは、どの向きに立っていたと思いますか?」と問いかけ、木目を確かめさせます。木口面、柾目面、板目面があることを知識として伝え、その木片がどの向きで立っていたかを判断するための情報となることに気づかせます。

次は、目を閉じて触って、種によって肌触りが違うことを確かめます。重さの違い、固さの違い、温かさの違い、湿り具合の感じも確かめます。それを互いに言葉で交流させます。

今度はそれぞれを身の回りのものにコンコンと当ててみて音の違いを聞きます。また、木と木を拍子木のように打ち合わせてみます。高かったり低かったり、鈍かったり乾いた音であったり。学生たちは、種による音の違いにはっとして、「違うー！」と叫んでいます。

次に鼻に近づけてみます。種による香りの違いに、教室のそこらじゅうで声が上がります。ある学生は「おばあちゃんの家の匂いだ」と言います。またある学生は「ホームセンターの匂いだ」と言います。木の匂いをホームセンターでしか嗅いだことがないわけです。杉と檜の香りの違いを知らない学生の、なんと多いこと。

「では、最後に口に入れて味の違いを確認してみよう」と言うと、当たり前ですが「それはだめですよ」と学生から返ってきます。

そういった五感を使った観察を経て、次に「並べてみよう」、「積んでみよう」、「顔をつくってみよう」、「仲間がつくった顔にいたずらしよう」、「グループみんなの木片を集めて、みんなで街をつくってみよう」、「スマホを出して、街を上空から撮影してみよう」、「スマホのカメラ部分を下にして、そこに住んでいる人の視線で街を撮影しよう」（図3-4）などといった活動に誘い込んでいきます。

この日はこれだけ。じゅうぶんに木片と仲良くなってか

3-4 題材「そこに住んでいる人の視線で街を撮影しよう」

3-5 題材「玄関、階段、トイレにちょこんと飾ってみよう！」

ら、後日、これらを使った立体制作や工作につなげていきます（図3-5）。

何かをつくるときには、木片に木材用の塗料を塗るのですが、それを使ったことがある学生はいません。ですから、その塗料を初めて使うのが作品づくりのときにならないようにします。まずは「実験」と呼んで、塗料を木片に塗ってみて、その効果を確かめること自体を目的にした活動を保障します。実験ですから、「思うようにいかなくてなんぼ」です。ハードルは下がり、学生は自由にいろいろ試します。その経験のなかで、木材用の塗料の性質をよく理解して、それが制作の際の技術として生かされていくのです。

例えば紙。

描いたり、折ったりする前に、まずは紙とお近づきになります。正方形の紙（折り紙など）を渡して、「辺の真ん中辺りを指でつまんで、空中に上げてみてください」と言います。学生全員がそれぞれの紙を空中にかかげるわけですが、半分の学生の紙は、ふにゃっと首を垂れたように元気がありません。残り半分の学生の紙は、しゃきっと元気です。「ふにゃっと弱っている紙の人と、がんばっている紙の人がいますね」と言うと、学生は「色によって重さが違うんじゃないか」とか、「～君は気合いが足りないから。紙も人を判断するね」などと言って笑っています。「では、九〇度回転させて、隣の辺の真ん中に持ち替えてみてください」と指示すると、しゃきっと元気だった紙はふにゃっと垂れ、ふにゃっとしていた紙はしゃきっと元気になるわけです。こうして「紙の目」を知ります。そんな当たり前のことにも、学生たちは初めて知って感動しています。

折り紙を紙の目にクロスするよう半分に折って、ひろげて机の上に立ててみます。けっこうシャキッと立ちます。もう一枚、今度は紙の目に沿って半分に折って、ひろげて立ててみます。ふにゃっと机に伏したようになります。前者は犬や馬などをつくるときはいいですね。後者はワニづくりに最適かもしれません。

「そうか。私が幼い頃、画用紙を半分に折るんだけど、どうも友達のようにピシッと折ることができなかったのは、紙の目に逆らって折っていたからなのか。てっきり自分が不器用だからだと思っていました」という学生がたくさんいます。

紙の目に沿うように手で紙を破っていくと、けっこうまっすぐに破れます。紙の目にクロスするように破ってみると、何だかうまくまっすぐにならず、あっちへこっちへ曲がっていってしまいます。まっすぐ破れる方がいいような気もしますが、折り紙ならば、クロスに破ると、その部分に白い部分がたくさん現れて、表の色と相俟っていい感じになります。これを制作に意図的に生かすことができます。

手で紙をちぎって音を楽しんだり、偶然できたかたちをみんなで見立て合ったり、はさみで小さくたくさん切り落として誕生日の人にお祝いシャワーを降らせたり、細長く切って集めて「もさもさ感」を味わったり。そういった活動が、紙で何かをつくる前に必要なのです。楽しく材料と触れ合ってこそ、それは材料として立ち現れるわけですから。


例えばクレヨンやパス。

クレヨンやパスのことをよく知っているはずの学生たちにも、それらと「再会」する機会をしっかり与えていきます。まずはクレヨンとパスを同時に使ってみて、形の違いや固さの違いを実感させます。どっちが線描きに適していて、どっちが面塗りに適しているか、やってみて確認させます。線を交差させたり、上から違う色を塗ってみたりして、下の色が透けて見えるのはどっちか（重色に適している）、溶けあってしまうのはどっちか（混色に適している）確認します。クレヨンでガラスや机に何かを描いてみて（学生曰く、背徳感がたまらないらしいです）、そのあとティッシュで簡単に消せることを体験させます。

次は新しい画用紙を渡して、「普段あまり選ばない色のクレヨンを一本選んで、画用紙の辺から辺に一本線を引いてみましょう。直線でも曲線でもご自由に」、「一本線を引いた画用紙をグループの隣の人に送りましょう」、「受け取ったら、今度は私の今日の気分に合う色のクレヨンを選んで、前の人が引いた線に何回か交差するようにまた線を引いてみてください」、「またグループの隣の人に送ってください」、「交差しているところにかたちがいくつも生まれましたね。そのうちのいくつか、あるいは全部をクレヨンで塗りつぶしてみてくださ い」など、様子を見ながら、次々と仲間の作品（まだ作品でも何でもないのですが）に線や面を加えていきます。そして「最初の線を引いた人に戻してください。その戻ってきた画用紙が、あなたの制作途中の作品です。目の前に現れた形や色から思いついた世界を創造していきましょう」というように展開していきます。そこにもう描かれたものがありますから、一から何か描いていくときとは違った思考に、いい意味で追い込まれ、「新しい自分」に出会いやすくなります（2・2参照）。その後さらに「水彩絵の具を出して、画面全体を塗ってみましょう」と提案します。クレヨンやパスは水を弾く性質がありますから、線や面の上を大胆に塗ることができる楽しさを味わえます（図3-6）。いずれにしても、何かを描くという目的を強く意識させることなく、それより

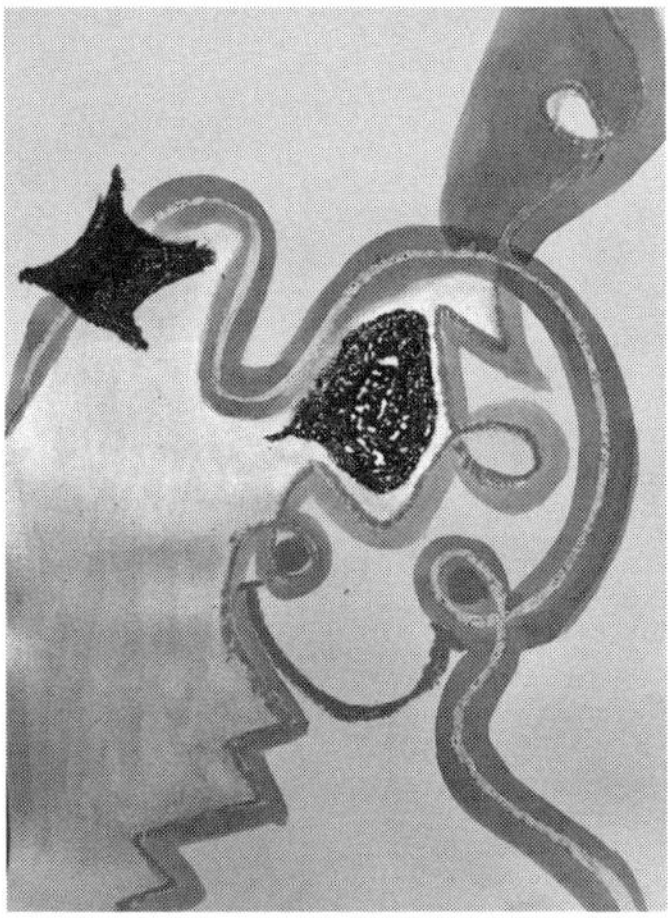

3-6 題材「目の前に現れた形や色から」

もクレヨンやパスがどんな様相を見せるのか、そのことにより注意が向くようにしていくわけです。

他にも、例えば版画に取り組むならば、その前にしっかりローラー遊びをさせます。貼り絵をするならば、糊と遊ぶ機会を設けます。そのステップの重要性に気づいていないと、「版画をさせたいのに、子供たちはローラーで遊んでしまって困ります」、「貼り絵で表現させたいのに、子供たちは糊で遊んでしまって集中しません」という状況に陥ってしまうのです。

こんなふうに、近い将来子供たちに美術を提供する立場になる学生たちに、描く・つくる活動の前に材料や用具とかかわっていくこと自体を目的とした活動を必ず仕組んでいます。それを実際に経験させないと、学生たちがいざ子供の前に立った際に、子供たちからそのプロセスを奪ってしまうことになりかねないのです。ある学生は言っていました。「材料や用具ともアイスブレイクしないとね」と。そのとおりです。

次に、材料や用具の数についてです。子供たちが豊かに表現するために、材料は多いほどいいという意見をよく聞きます。学生たちも、「先生になったら、できる限り多くの材料を集めてきて子供たちに提供し、思う存分表現を楽しんでほしい」とノートに書いてきます。たいへん頼もしいですし、その愛情や保育への情熱を失わないでほしいと強く感じます。

しかし、材料や用具の出し過ぎにはじゅうぶんな注意が必要です。その日の保育や授業のねらいに適切な数、量を選定することが求められます。

ある園では、秋になると先生方が森や林に出かけて、どんぐりや木の実、枝、蔓などを、驚くほどたくさん採取してきて子供たちに提供し、造形活動を展開されます。材料が豊富にあるほど選択肢が増えて、表現の幅がひろがるような気がしますが、必ずしもそうとは言えません。子供たちが材料に溺れ、材料選びに集中してしまう事態に陥るのです。むしろ、材料をしぼる方が、工夫が促されることもあるのです。もちろん、少ないほどにいいと言っているわけでもありません。大切なのは、子供たちが工夫をしながら創造活動をおこない、少し困難はあったけれど、それを乗り越えて満足するものができることです。材料が豊富であることが絶対条件ではありません。前述した、小学校三年生の授業「へ～んしん！ 木であそぼう、木をつなごう」（3・3）を思い出してみてください。

現在はモノがあふれています。百円ショップに行けば、かなりのモノが揃えられます。ならば、むしろモノがない状況を園や学校ではつくることが必要なのではないでしょうか。ないなかでどのように遊ぶか、どのように活動するか、工夫を引き出す状況を設定するべきなのです。

近年、幼児教育では、「環境を通して」ということがキーワードの一つとなっています。それはそのとおりです。しかしそれは「モノがあふれる環境を通して」ではないはずです。

ここで、材料のことについて、つけ加えておきたいことがあります。「自然物絶対信仰」とも言える姿勢に対しての違和感です。

先生が山で拾ってきたどんぐりを園庭に撒いて、「園庭にどんぐりが落ちているよ」と子供たちを誘って、子供たちがどんぐりを拾い集める……。それを使ってのコマづくり……。本当に出会ったことのある保育です。こんな取り組みが、自然に親しむ造形活動と呼ばれてしまうのならば、由々しき事態です。それならば、「昨日、先生は山に行ってたくさんどんぐりを拾ってきたよ。見て。素敵でしょ。山にはいろんな実があるんだよ」と、山への憧れがもてる語りをしてあげる方がはるかに意義深いことでしょう。

小さな子供たちにとってみれば、自然物も人工物もその価値は同等です。いい意味でフラットに、環境すべてが子供たちにとって魅力的なのです。まして、大人が採取してきた自然物を、自然の文脈から切り離して子供たちに提供したとしても、それは自然ではありません。子供自らが栽培したり捕獲したりしているわけではないので、それらはあくまで切り身の自然です。スーパーマーケットでパックに入って売られている切り身の魚を手に取ったところで、自然に触れたとは言えないことは明らかでしょう。

自然物のよさというものは確かにあって、それは疑いようがありませんが、先生がそれを自覚的にとらえて子供たちに提供しないと、むしろ逆効果にさえなってしまうことは心に留めておかなければならないでしょう。

3・7 「反応の引き出し」を活用する

一章第五節で、「上手」や「すごい」といったほめ言葉が思考停止をまねく可能性があることを述べました。ほめ言葉を発したことでほめたつもりになり、安心してしまうことにその原因があります。その安心というのは指導者側の安心です。子供がどう受け取ったかは置き去りにされ、指導者の自己満足に留まってしまうわけです。

もっと意識して、先生が自ら主体的に、そして自らの個性を生かして子供たちの活動を意味づけ、新しい解釈をどんどん子供たちにぶつけ、その子の行為や作品に対する「自らの物語」を伝えるべきなのです。

子供たちは、「見て」、「できたよ」と言って作品を見せてくれます。作品ですから目に見えます。そこから、見えないものをも感じ取り、反応していくことになります。「見えないものを感じ取るなど難しすぎる！」と思われるかもしれませんが、そんなことはありません。

3-7 子供の美術への「反応の引き出し」

まずは、頭のなかに、**図3-7**をイメージします。これは「タンス」と考えていただいて結構です。三段から構成されていて、それぞれに複数の引き出しがあります。

一段目は「形」、「色」、「構図・配置」の三つの引き出しが並んでいます。二段目は「喜」、「怒」、「哀」、「楽」という感情に関する四つの引き出しです。三段目は「視覚」、「聴覚」、「触覚」、「嗅覚」、「味覚」という五感の引き出しです。

子供が「見て！」と言って作品を差し出してきたとして、まずは一段目の引き出しを活用してみましょうか。美術は、形、色、そして構図や配置によって成り立っているのですから、これは見えるものについて反応する引き出しです。形はどうでしょう。真っ直ぐでしょうか、曲がっているでしょうか。丸いでしょうか、角張っているでしょうか。大きいでしょうか、小さいでしょうか。

色はどうですか。派手でしょうか、落ち着いた感じでしょうか。統一感があるでしょうか、組み合わせが複雑でしょうか。

次は構図や配置です。構図は、構成と言ってもいいでしょう。画面のどこに何がどんなふうに置かれているでしょうか。左右対称でしょうか。変化に富んでいるでしょうか。動きや流れはどうでしょう。バランスの具合やリズムはどうでしょうか。

二段目は「感情」の引き出しです。作品から伝わってくる感情を聞き取るのです。登場人物や動物、モノたちはどんな気持ちでしょうか。情景はどんな感情を表しているでしょうか。嬉しいのでしょうか、悲しいのでしょうか。さしずめ喜怒哀楽の四つの引き出しを示していますが、幸せそうだとか、侘しそうとか、苦しそうとか、穏やかな感じとか、びっくりしているとか、もっと他にもあるでしょう。

あるいは、作品を見て、鑑賞者である「私」がどんな感情を抱いたかを言葉にしていくのです。具体的に部分や全体を取り上げながら、自身が「嬉しくなったよ」、「驚いたな」、「幸せな気持ちになったなあ」と、第一人称で反応するのです。

三段目は、「五感」の引き出しです。いい匂いがしてきませんか。音や歌が聞こえてきませんか。甘いですか、苦いですか。チクチクしますか、ふわふわしていますか。ざらざらしているでしょうか、ツルツルしているでしょうか。重いですか、軽いですか。冷たいですか、温かいですか。

小さな子供たちは、五感をフル起動させて生きています。五感を使って世界にかかわり、世界を我がものとして解釈しようとしています。ですから、子供たちの五感に訴えかけていくと、深く共感し合えること請け合いです。それは驚くほどに。本当です。

これらの引き出しをイメージして、一段目からでもいいですし、あるいはぱっと引き出せそうな段、引き出しを開けてみるのもいいですね。「素敵だね」、「かわいいね」といった抽象的なほめ言葉が、具体的な、その子のその時のその作品だけに注がれた言葉に変わります。子供一人一人に対しての言葉が互いに重なりもしません。そのとき子供たちは本当の意味で、嬉しいのです。逆に言うと、子供みんなに対して同じほめ言葉では立ちゆかないと気づくことになります。

日頃から、何かを見たら、引き出しを使って言葉にしていく練習をして、それぞれの引き出しのなかに、たくさんの言葉を詰め込んでいきましょう。引き出しが足りなくなったら、大きなタンスを新調しましょう。イメージのタンスですから、いくらでもサイズを変えられます。ただし、すっと言葉が取り出せるように、整理整頓はしっかりと。

さてその上で、あなたのタンスはどの引き出しの滑りがいちばんいいでしょうか？ 誰が見ても同じだと考えてしまいがちな「見る」という行為にも、実は一人一人個性というものがあります。「私は色に惹かれるなあ」とか、「作品を見るとまず気持ちが伝わってくる」とか、「私は料理が得意なので、絵を見るといろんな味を感じるな」といったように、その「私」の見方、個性こそを大切にします。音楽が好きな人は、聴覚の引き出しにワックスをかけて滑りをよくし、なかをいっぱいにしましょう。その先生のところにもっていけば、いろんな音や曲、歌、楽器に例えてくれるということを知っている子供たちは、嬉々として作品を見せにきてくれます。

ちなみに私は、制作するときにも、鑑賞するときも、構図や構成に目がいきます。それを感得することが得意だとも思っています。ですから、子供の美術に対しても、まずは構図や構成に関する言葉をよく口にします。この引き出しには、いちばんたくさんワックスをかけているので、いつもスルスルです。そして、この特長をもっと伸ばしたいと考えています。

ある学生は、幼い頃に出会った先生の言葉を今でも覚えていると、授業後のノートに書いていました。その先生は彼女の描いたくじらの絵を見て、「このくじらは、他のきれいな色の魚さんたちがいっぱい来てくれて嬉しかったから、いっぱい潮をふいているんだね。この潮でサーフィンしてみたいね」と言ってくださったそうです。短い言葉でありながら、魚の色、「いっぱい潮をふいている」という構図、「嬉しかった」というくじらの気持ちという、いくつもの引き出しが使われています。さらに自分ごととして、「くじらの潮でサーフィンをしてみたい」という願いを伝えておられます。そういう反応に触れたとき、子供たちは嬉しいのです。「私の作品は、先生をそんな気持ちにさせたんだ」という喜びです。自己効力感を味わえたと言い換えてもいいのかもしれません。だからこそこの学生は、十五年経ってもその言葉を忘れないのです。

小さな子供は、「できた」と言って作品（らしきもの）をもってきても、自分で何ができたかわかっていないことも多々あります。「僕のつくったものはいったい何なの？これって素敵なの？どう思う？何か言って」という気持ちですね。目の前に現れた「これ」を、先生に意味づけてほしい、価値を創造してほしいわけです。たとえ、作者である子供本人の考えと違ってもまったく大丈夫、謝る必要はありません。謝るということは、絵には決まった見方があって、答えがある、しかもそれは作者のみが知り得るのだと言っていることになるからです。

また、難しい言葉を使ってもまったく構いません。子供がその言葉を理解できるかどうかは重要なことではありません。子供からすると「なんだか意味はよくわからなかったけれど、どうやら僕の作品はすごいらしい。先生は僕の作品をとてもほめてくれた。先生が喜んでいる姿が僕は嬉しい」のです。

さて、では五歳児の作品「きょうりゅうがにさん　どっしんどっしん　あるいているよ」（図3–8）に対し、まずは、一段目の「形」、「色」、「構図・配置」の引き出しを使います。「反応の引き出し」を使って、言葉をかけてみましょう。

• 足を曲げながら力強く歩いているね。あ、右側を見ているね。右の方に何かを見つけて「はっ」として、そっちへ歩いて行くところだね。
• 足の筋骨は隆々、最強のカニさんだね。
• いろんな赤色が使われているね。一、二、三、……、七色も赤があるよ。
• いろんなところに黒がきゅっと使ってあって、この黒色が強さの秘密だね。
• 足には黒と白のところがあるよね。足にも目があるんだ。どんなことも見逃さないね。
• 甲羅と大きなはさみのところには、赤と黄色が混ざっていろんなオレンジ色があるね。カニさんはよく見るといろんな色をしているね。

•はさみのところで羽がブンブン回っていて、「強いんだぞ」って伝わってくるね。

•水色のところは泡を吹いているんだね。今、水から出てきたのかな。

次に、二段目の「感情」の引き出しです。

•体をどーんと大きく見せて、「どうだ！」って威張っているね。迫力満点。

•あ、お腹のところに子供たちがいるね。優しいお母さんガニが子供たちを守っているのかな。

•子供たちを奪われそうになって怒っているんだね。

•優しくて強そう。まるで○○くんのお父さんのようだね。

•ぐっとこっちを睨んでいるね、先生、怖いなあ。

最後に、三段目の「五感」の引き出しを引き出します。

•甲羅が黄色に輝いているね。眩しいよ。

•足のトゲがチクチクしてるね。（絵を触ってみて）痛い！

•足は硬そう。叩いたらカチカチと音がするね。お腹のところは柔らかそう。子供たちを守っているからね。

•足を擦り合わせて、ガシャガシャする音が聞こえてくるよ。

•このカニさんは重たそう。先生には持ち上げられないんじゃないかな。

•赤いけれど、きっとこのカニさんに触ったら冷たいだろうなあって先生は思うよ。

本書をここまで読んでこられたみなさんは、まさか「カニさんのはさみはもっと大きいんじゃない？」とはおっしゃらないですよね。

3-8 「きょうりゅうがにさん　どっしんどっしん　あるいているよ」
（5歳）

以上のように、子供たちの美術を見て、受容して、反応しながら、その時間を子供たちとともに過ごしていくわけですが、では、何らかのアドバイスをしたいときにはどうすればいいのかという問題が残ります。ただ受容して反応するだけでいいのかということです。私はそれでいいと思います。それでもあえて、子供たちに何かアドバイスをするとして、それはどのようにするべきでしょうか。次にそれを提案したいと思います。

表3-1は、私が提案する「造形表現指導における言葉がけの分類と例」です。

「質問法」とは、指導者の質問のなかに、アドバイスを組み込んでいく方法です。例えば、「いちばんおもしろいなと思ったのは何だったかな?」、「どのくらいの大きさで描く?」、「そのとき、手はどんなふうに曲がっていたの?」、「冷たい色ってどの色?」など、質問をすることで、子供が刺激を受け、それが表現に反映されます。本人が気づいていない視点に目を向けさせることにもつながります。

「選択肢提示法」は、子供が自分自身ではそれ以上発想がひろがらない場合に、いくつかの案を提示する方法です。「大きく大きく描く?　それとも小さく小さく描く?」、「一つにする?　いっぱい描いてみる?」といった、あえて対立した候補を示すことで、子供本人がそのイメージを比較し、検討しやすくなります。「そこはクレヨンでゆっくり描く?　絵の具でばーっと塗る?」、「赤く塗ったら明るいね。青く塗ったら静かだね。黄色は優しいかな」などと問うてみると、子供には選ぶという行為の楽しさが加わることになります。ただし、「質問法」に比べると具体的な選択肢を示す分、自由の範囲が狭くなりますから、子供の表現の幅を限定してしまっていないかどうか気をつける必要があります。

「提案法」は、「こうしたらどうかな?」、「こうするといいよ」と、文字どおり具体的にアドバイスする方

表3-1 「造形表現指導における言葉がけの分類と例」

	内容	言葉がけの例
質問法	指導者の質問のなかにアドバイスを組み込んでいく方法。質問をすることで本人が気づいていない視点にも目を向けさせる。	「いちばんおもしろいなと思ったのは何だったかな？」 「どのくらいの大きさで描く？」 「そのとき、手はどんなふうに曲がっていたの？」 「冷たい色ってどの色？」
選択肢提示法	子供が自分自身ではそれ以上発想がひろがらない場合に、いくつかの案を提示する方法。	「大きく大きく描く？ それとも小さく小さく描く？」 「一つにする？ いっぱい描いてみる？」 「そこはクレヨンでゆっくり描く？ 絵の具でばーっと塗る？」 「赤く塗ったら明るいね。青く塗ったら静かだね。黄色は優しいかな」
提案法	こうしたらよいのではないかと具体的にアドバイスする方法。子供が受け入れる用意があるかどうかを見極めておく必要がある。	「ここはびゅーんって真っ直ぐがいいね」 「ゆっくーり描いてみよう」 「思い切り速く塗ってみよう！」 「もう少し赤を混ぜてごらん。素敵になるよ」 「それならパスを使ってみるといいよ」
賞賛法	ほめていくことで意欲を高める方法。子供本人が自信をもっている部分だけでなく、本人が気づいていない点を掘り起こしてほめるのも効果がある。	「この何も描いていない空がひろくて気持ちいいね」 「この色とこの色がとっても仲良しだね」 「優しい色のお花からはいい香りがしてくるね」 「これは私（先生）には絶対にできないなあ」

法です。「ここはびゅーんって真っ直ぐがいいね」、「ゆっくーり描いてみよう」、「思い切り速く塗ってみよう！」、「もう少し赤を混ぜてごらん。素敵になるよ」、「それならパスを使ってみるといいよ」などです。しかし、この方法は、間違って使用してしまうと、本書でこれまで述べてきたことをぜんぶ反故にしてしまう可能性があります。多用し過ぎると、子供は下請けになり、前にも触れたように「表現」ではなく「作業」になってしまうので、日常的に子供たちの主体性や表現がじゅうぶんに保障されていて、今日のこの場では提案もありだな、というと

きに限ります。日頃からの「その子理解」、子供との信頼関係が非常に重要になります。その子が受け入れる用意があるかどうかを見極めておく必要があるのです。先生とその子の考えがピタッといい方向に合致して、まさに、その子と先生とのコラボレーションとしての表現が生まれるとき、その子は、自分一人では到達し得なかった「新しい自分」に出会えることになります。

「賞賛法」は、ほめていくことで意欲を高める方法です。子供本人が自信をもっている部分だけでなく、本人が気づいていない点を掘り起こしてほめるのも効果があります。「もっとやろう」、「次もがんばりたい」という気持ちになります。何しろ、自分でもつかみ切れていない自作のよさが、描いたり、つくったりする度に拡大していくのですから。「この何も描いていない空がひろくて気持ちいいね」、「この色とこの色がとっても仲良しだね」、「優しい色のお花からはいい香りがしてくるね」など、前節で挙げた「引き出し」もどんどん活用しながらほめていきたいものです。

賞賛法でとっておきの一言は、「これは私（先生）には絶対にできないなあ」です。最上のほめ言葉かもしれません。実際、その子の表現は「私」には絶対できません。ですから、嘘でもおだてているのでもないのです。考えてみるとこのほめ方は、他の分野ではなかなか使えないものです。例えば、算数の時間に「先生にはこの計算は絶対解けないなあ」と言ってしまったら、先生の信頼は一発で吹き飛びます。美術は、先生だから、子供だからということに関係なく、一人一人、一作一作、その時その時異なるからこそ価値があるのです。ただし、連発しすぎると、これもまた先生への信頼を失墜させるかもしれませんので、ここぞというときにだけ。

最後に、言葉がけの方法においても、もっとも重要なことをお伝えします。譲れないことです。それは、いずれにしても「最終決定権は子供にある」ということです。さまざまな候補を子供たちに紹介したり、提案したりしても、それを受け入れるかどうかを決めるのは子供本人だということです。子供が採用したら、「あなたはそれを選んだのだね」と喜びましょう。採用されなくても、それでまったくいいのです。「そうか、あなたはそうきたか。それもとても素敵だね」と受け入れて、また具体的にほめていきましょう。子供が、自分で決めたことを評価するのです。

3・8 「やめどきは子供が決める」を徹底する

描いたり、つくったりするときに、どこで終わりにするのかを決めるのは、案外、難しいことです。「できた」と思っても、直後に「もう少しやろうか」と思うことがあります。「もう少しやらねば」と感じることもあります。やってしまったあとに、「あそこでストップしておけばよかった」と思うこともしばしば。

美術はやめどきが重要です。どこで終わりにするかは作者が決めるほかないのです。他の人が口出しできるものではなく、作者だけがその権利を有しています。子供に対しても同様で、先生が「もっと」とか「もうやめよう」などと言えるはずがないのです。そして、その子が決めたやめどきは絶対に尊重してあげなければなりません。

　やめどきは子供自身が決める。それは判断力を育てることです。「まだ塗っていない部分があるよ」、「〜ちゃんはまだやっているよ」、「もうそれ以上やったらだめになりますよ」、「この部分はやらなかったらよかったね」など、先生や大人がやめどきを指図したり価値判断したりしてはいけません。「時計の長い針が六のところにくるまでがんばりましょう」などというのはナンセンスもいいところです。

　「もう少しやらないの？」、「それ以上はやり過ぎにならない？」というような質問でさえ、そこに先生の指示が入りこんでいるニュアンスならば、それも避けたいものです。

　「いいですか、みなさん。自分で、終わりにするときを決めるのですよ」、「完成はあなただけが決められるのですよ」と語りかけるのです。子供たちは、自分のことは自分で決めるという「自由」を獲得することになります。これは、表現活動における絶対的条件です。「できた！」と子供が言ったら、そこでできあがり。「おお！　できあがったね。やったね！」と祝福して、拍手を送りましょう。そして、ここまで述べてきたように、先生自らの感覚を大切に、具体的に言祝いでいきましょう。その素敵な時間を子供とともに味わい合いましょう。

　こういう話を講演などでですると、「それを認めていると、子供たちがいい加減に取り組んで、ささっと仕上げて、『できた』と作品を持ってくるようになりませんか」という質問をする先生がいらっしゃいます。そんなことはありません。むしろ逆です。やめどきを自分で決められる自由を常日頃から保障されているならば、子供たちは活動している時間はとても集中します。

　いい加減に仕上げて「できた！」ともってくるのは、その活動が子供にとって夢中になれるものになっていないからであって、やめどきを自分で決めさせることとは関係ありません。やりたかったら、やめようと言ってもやりたがるのが子供です。その子が夢中になって活動に取り組めないのは、先生の姿勢や導入、展開の方法に改善点がある場合が多いのです。それを反省し、次に生かしたいところです。子供が先生の思うようにやらないのをその子の意欲のせいにして、強制的にやらせるのは、表現活動ではありません。

そもそも表現活動は、先生の許可をもらうためにおこなうものではありません。子供が自身の満足感を味わうことがいちばん大切にされるべきです。先生はそのことにだけ集中し、もっとやらせたいとか、もっと早く終わらせたいなどといったことは考えなくていいのです。まして、全員が同じ時間がんばりつづけ、同時に終わらせるなどということを目指さなくていいのです。

逆に、子供たちにやめどきを決定させていると、いつまで経ってもやめない子供が出てくるのではないかという心配もあることでしょう。園のタイムテーブルを無理矢理変更してまで、子供たちがやりたいだけやらせるべきだと言っているのではありません。子供の「まだつづけたい」という気持ちを尊重しようということです。

子供たちの大勢が「もっとやりたい～!」と言ってきたときに、「だめです。時間です、言うことを聞きなさい」と言うのと、「うわ～、みんな、もっとやりたいんだ。このクラスのみんなはなんてがんばり屋さんなのでしょう。わかりました。明日の△△の時間は、予定を変更して、このつづきをやりましょう」と言うのでは、ぜんぜん違いますね。

やめどきは子供が決める。この原則を守ることです。もちろん、表現活動の話をしているということをお忘れなく。しつけや作業の場面とは明確に区別したいところです。子供たちが「表現活動の時間は自由だ。表現者である自分の自由だ。それを先生はいつも保障してくれる」ということを肌で感じるときに、表現力は豊かに育っていくのです。

私は、大学の授業において、学生たちの「やめどき」を徹底して本人に任せています。何人かの学生が仕上がりに近づいてきた頃を見計らって、静かに語りかけます。「やめどきは自分で決めるのですよ。時間があるからと言ってやり過ぎたら戻れないことがありますよ。本当にそこで終わっていいですか？ もうそれ以上はやらない方がいいですか？ 満足しましたか？ 終わりはあなたにしか決められませんからね」と。それを制作のたびにくり返します。すると必ずみんな落ち着いて取り組むようになります。

また、絶対に急がせません。「急いでしまうようなら、もう今日は終わりなさい。できあがらなくてもかまいません。いけないのは、作品から気持ちが切れて、終えることが目的になることです」と、これも毎回、毎回、くり返します。それが当たり前のことであり、将来、先生になったときには子供たちにそのように語りかけなければいけないのだなということを自然に学生たちに浸透させていきます。そしてときどき、「子供たちにも必ずそう言ってあげてくださいね。それが子供たちの自由を保障し、思考力、判断力を育てることになるのですよ」とストレートに伝えます。

大学に入学してきた学生が一年生の前期に私の授業を受講した場合、五月の終わりにはすっかり、「やめどきは自分が決める」が定着します。そして「先生、これでいいですか？」と言う学生はいなくなります。

4

子供の美術と鑑賞

4・1 表現と鑑賞

最終章では、子供の美術と鑑賞について考えてみたいと思います。最後だからということで「つけ足し」という意味ではありません。むしろ、本書において私がもっとも力を入れて伝えたいことの一つです。

ところで、園での「造形」や小学校での「図画工作」の時間と聞くと、どんな活動をイメージしますか。多くの方は、「絵を描いたり、ものをつくったりすること」を思い浮かべるでしょう。それはもちろん間違いではないのですが、もう一つ重要な活動があります。それは「見ること」です。美術は、「描いたり、つくったり、見たり」する活動だということになります。

「小学校学習指導要領」の図画工作の「内容」は、「表現」と「鑑賞」という二領域から構成されています。「表現」は「描いたり、つくったりすること」に、「鑑賞」は「見ること」に対応します。鑑賞領域は、ずいぶん前から重視されていますし、学習指導要領の改定・改訂の度に強調されてきました。しかしその実践は、まだまだ不十分だと言わざるを得ません。「表現」と「鑑賞」というように両者をわざわざ分けて示しているのは、先生が「鑑賞」をより意識するためだと思われます。私も、さしずめそれでいいと考えています。しかし、分けて示されているせいで、それらがまるで別々の活動だととらえられてしまわないかと危惧しています。

「幼稚園教育要領」等では、保育内容の領域として「表現」があります。この領域「表現」は、小学校の図画工作科の「表現」領域とはまったく意味が異なります。「幼稚園教育要領」等における領域とは、「子供の育ちを見る窓口」ですから、教科のなかの領域とは違うのです。また、描いたり、つくったりする造形表現だけを指すのではなく、音楽表現、身体表現、劇的表現、言語表現なども含みます。そして、「幼稚園教育要領」等には、どこにも「鑑賞」という言葉は出てきません。そのため、「鑑賞」という観点は保育から抜け落ちてしまいがちです。ただ、領域「表現」は、「表現と感性に関する領域」と説明されていて、その「感性」の部分にかろうじて「鑑賞」のニュアンスがあります。「感性」は「価値あるものに気づく感覚」（片岡徳雄『子どもの感性を育む』日本放送出版協会、一九九〇年、七五頁。）ですから、「鑑賞」と親和性が高いように思われます。しかしこのことはじゅうぶんには注目されておらず、保育現場の表現指導のなかに、鑑賞活動はうまく組み込まれていないのが現状です。

このように、小学校では「表現」と「鑑賞」が分けて示されていて、保育所・幼稚園・こども園では「鑑賞」という言葉が使われていないことから、いずれにおいても「表現」と「鑑賞」は別々の活動のように認識されてしまいます。しかし実は、「描いたり、つくったりすること」と「見ること」は、同時に進行していきます。子供たちは描いたり、つくったりしながら自分の作品を見ていますし、互いの行為や作品を見合ってもいます。本来は、「描いたり、つくったりすること」と「見ること」は表裏一体で切り離すことはできず、互いに補完し合っているのです。まして反対の概念でもありません。

「表現」と「鑑賞」をいかに有機的に結びつけていくか、このことが保育所・幼稚園・こども園の造形表現指導、小学校の図画工作科指導に求められていると、私は考えています。そのためには、「表現」と「鑑賞」の一体性に着目し、次節で述べるように、鑑賞活動のなかに含まれる「表現的側面」を正しくとらえることが重要です。それは、「見ることはつくること」という認識が必要だということです。

4・2 見ることはつくること

一般的に「鑑賞」とは、「描いたり、つくったり」したものを、あとから「見る」というように考えられていて、両者は主従関係にあるように思われています。このことをまず、否定しておかなければなりません。前節で、両者は表裏一体だと述べました。これは、「つくっているときに見ている」のみならず、実は、「見ながらにしてつくっている」ということなのです。

フランスの美術家、マルセル・デュシャンはこう述べました。

> 要するに、アーティストはひとりでは創造行為を遂行しない。鑑賞者は作品を外部世界に接触させて、その作品を作品たらしめている奥深いものを解読し解釈するのであり、そのことにより鑑賞者固有の仕方で創造過程に参与するのである。（ミシェル・サヌイエ編『マルセル・デュシャン全著作』北山研二訳、未知谷、一九九五年、二八六頁。）

何だか難しい表現ですが、私なりに解釈してみますと、鑑賞者は見るなかで創造活動をおこなっている、鑑賞者も作品制作にかかわっているということです。反転すると、「作品は見る人によってつくられる」、つまり「見ることはつくること」というわけです。

私たち大人が美術館に行って作品を鑑賞するときを思い浮かべてみましょう。気に入ったり、気になったりする作品の前に立ち、私たちは、「ぞくぞくする」、「ドキドキする」、「嬉しい」、「悲しい」、「寂しい」、「懐かしい」といった感想や感情を確かに「つくって」いるではないですか。

「『見る』ということは、その場で、その人のこれまでの経験とか、その経験が織りなした視覚とかが、ある別な対象にぶつかることである」と述べたのは、美術評論家の坂崎乙郎です（坂崎乙郎『絵とは何か』河出書房新社、一九七六年、四四頁。）。見ているときには、作品が何か語りかけてきているように感じますし、そう信じていいわけですが、実のところは、私たちは見ることを通して、自身を見つめ直し、自身の価値観に気づき、目の前の作品の意味をつくっているのです。

授業で鑑賞について講義をしたとき、ある学生が、このようなことをノートに書いてくれました。

先日、私が□□で催されていた○○展に母と行ったときのことです。「わあー、この絵、好き（多分、先生の言う「会話ができる作品」だったのかと）！」となった私。しかし、その絵に対して母は何の興味も抱かず、「そーかあ?」と一言。逆もしかりでした。私と母であっても感じ方は違って、帰りの電車でも、「あの△△な絵、すごくよかったよね！　何かな、ブワーってなっていて、キュアーンビシャーンで……」と熱く語る私に、母は「そんなのあった?　それより、あの色っぽい絵の方が……」。「何それ、見落としたかな……」とまったく会話のかみ合わない二人でした。絵は見る者によってつくられる。つまり、違う人が見れば、まったく違うアート、もしくは記憶にも残らないということがあり得るのだと思いました。

作品は黙っています。作品がなんらかの行動をとってくることはありません。意味も感情も、鑑賞者がつくらないかぎり立ち上がってはこないのです。

この学生には、ある作品が自分に話しかけてきたように思われたのですが、実際はこの学生がその作品の意味やよさをつくっているのです。一方でその作品は、母親には語りかけませんでした。そして母親は、学生とは違った作品の意味やよさをつくりました。しかし今度は逆に、学生はその作品の意味やよさをつくりませんでした。つまり私たちは、一人一人、ある作品の意味やよさを固有につくり出しているということになります。

ここにきて、作者と作品の関係とはいったいどういうものなのだろうという疑問が湧いてきます。結論から言えば、作品は、完成してしまうと、もう作者のものではなくなるのです。作者が、「私の作品はこう見てください、こう感じてください」と鑑賞者に願っても、鑑賞者はピッタリそのとおりに見たり、感じたりすることなどできません。作者がつねに作品の傍らで解説することなど不可能ですし、たとえそうしたとしても、それをどう受け取るか、どう解釈するかは鑑賞者です。作品は、作者の思いとは別に、勝手に語り出します。他者の前に差し出されると、もう作者の手には負えません。つまり、見る人のものになるのです（一応断っておくと、正確には、作者も完成後は鑑賞者に変身します）。

このことは、作者が込めた作品への思いを低く見ているということではありません。構造的に必ずそうなってしまうということです。

美術展において、作品の横に掲げられているキャプションや解説にしても、それは学芸員という一鑑賞者の見方です。また、作者が「その見方は誤解だ」と言ったりすることはあり得ますが、作品自体が語るものを作者や学芸員がコントロールすることなどできないのです。

ここまで考えてくると、芸術がどこに生まれるのかということについても自ずと理解されます。前述の学生は、よりひろい意味をもつ「アート」という言葉を使っていました。作品が見る人によってつくられ、見る人が「いいね」と感じたときに、その人にとってのその作品に対する意味や価値が創出されます。つまりアート（芸術）が生まれるというわけです。作品自体にアートが内在しているわけではありません。見る人がそこに芸術性を感得したとき、アートは起こります。アートは、作品と見る人の間に立ち上がるものなのです（図4-1）。

さらに、同じ作品でも見る人によって立ち上がるアートは異なります。しかも人は変化しますから、見るたびごとにそこに生まれるアートも変化します（1・7参照）。

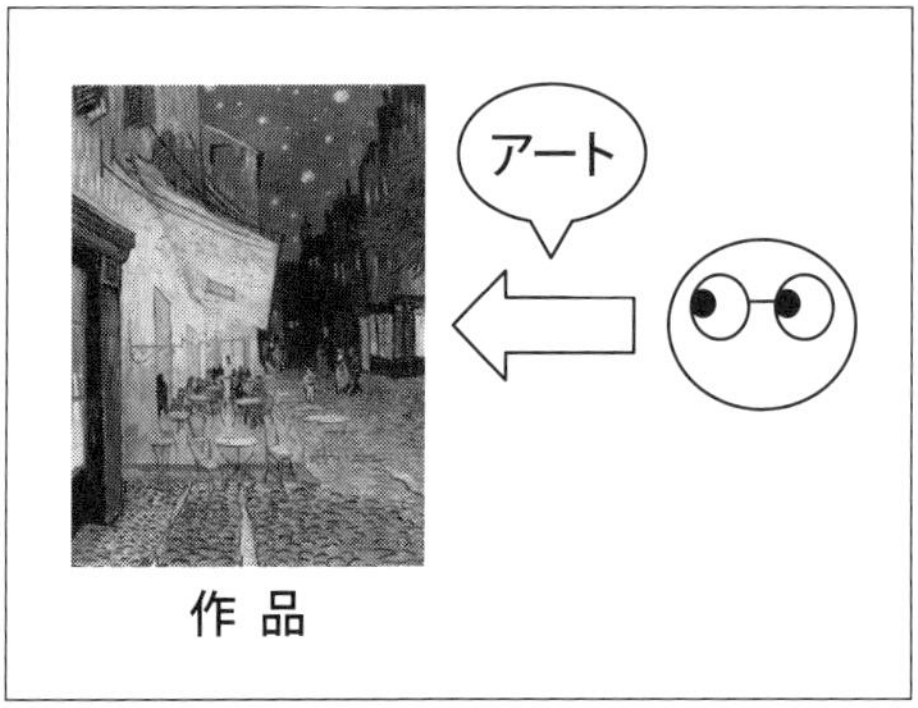

4-1 アートが生まれるところ

例えば、ゴッホの《夜のカフェテラス》（図4-1）を見たとき、黄色と紺色の対比によって人々の賑やかさを感じる人がいるかもしれませんし、一方で、落ち着いた、夜の静寂を受け取る人もいるかもしれません。さらに同じ人が、朝、仕事に行く前に玄関に飾ってある《夜のカフェテラス》の複製画を見て生まれたアートと、夕方、疲れて帰ってきて見たときに生まれたアートは変化していることでしょう。そのような多様性や移ろい、ひろがりこそがアートの醍醐味です。

誰もが、同じ作品を見ても、ときによって見え方が変わることを経験したことがあると思います。例えば、以前に観て感動した映画を、久しぶりにもう一度観てみたら、今度はそれほどでもなかったとか、その逆に、今回改めて観たらとてつもなく心打たれた、などです。作品は変わっていません。それなのになぜ見え方は変化するのでしょうか。それは、「私」が変化しているからにほかなりません。

ちなみに、場所も時も超えて多くの人が意味、価値をつくりだしつづける作品、つまりアートが起こりつづける作品を、私たちは「名画・名作」と呼びます。「名画・名作」は、その作品が生み出された途端に「名画・名作」になるのではなく、人々の好奇心をかき立てずにおかない謎が止めどもなく湧き出てくると同時に、どう解釈しても構わないという許容性に満ちているからこそ「名画・名作」なのです。

4・3 鑑賞会は発表会ではない

アートは、見る人が、そこに意味や価値を見出した（つくった）とき、見る人と作品の間に立ち上がり、そしてそのアートはそのときどきに変化していくのだととらえるとき、子供たちの作品をアートにするのは誰でしょうか。子供の作品をアートにするのは、その子本人ではありません。その作品を見る周囲の友達であり、先生です。なかでも先生は子供たちにとって「いちばんはじめの、いちばんの鑑賞者」でなければいけません。保育者や初等教育者が、子供たちの作品をアートにするのです。

そこで先生がまず認識しなければならないことは、「作品は、作者が筆を置いたときに完成するが、アートは、その時からはじまる」ということです。子供が「できた！」といって活動をやめたときが終わりではないのです。アートはそこからはじまります。

つまりそれは、作品が作者から離れたことを意味します。しかし、子供たちが描いたり、つくったりした作品をみんなで見るとき、作者である子供と、その子によって生み出された作品を切り離して考えるということは、まずしないものです。先生は、無意識的にそれはしてはいけないとさえ思っている節があります。作品の意味は、作者だけが知っていると信じて疑わず、そうして「鑑賞者が見ること＝作品の意味をつくり出すこと」の可能性を奪ってしまうのです。

鑑賞の主導権はあくまで鑑賞者にあるということが認識されてこそ、鑑賞の自由と豊かさが保障されます。そのためには、まず、作品と作者を切り離して考える必要があるのです。

園や小学校での鑑賞会の様子を以下に見てみましょう。架空のストーリーですが、多くの学生たちの思い出を再現したもので、限りなくノンフィクションに近い鑑賞会です。

先　生：それでは、次にAさん、前に出てきてください。作品をみんなに見せてあげてください。これは何を描きましたか？

Aさん：お芋を掘ったところを描きました。

先　生：いちばん一生懸命描いたところはどこですか？

Aさん：お芋のおひげです。
先　生：どんな工夫をしましたか？
Aさん：いっぱい描いたところです。
先　生：他にはみんなにどこを見てもらいたいですか？
Aさん：お芋に土が付いているのを絵の具で黒く塗ったところです。
先　生：よく頑張りましたね。みんな拍手！
みんな：(拍手)
先　生：Bさんは、Aさんの作品のどこがいいと思いましたか？
Bさん：Aさんが、お芋のおひげをたくさん描いたところがいいと思います。
先　生：Cさんは、どんな感想をもちましたか？
Cさん：私もBさんと同じなのと、土を黒く塗ってあるところがいいと思いました。
先　生：そうですね。おひげがたくさん描いてあって、土を黒く塗っているところがとても上手ですね。Aさん、みんなにほめてもらってよかったね。みんなもAさんの作品のいいところを見つけられてよかったね。みんな、拍手！
みんな：(拍手)
先　生：それでは次はDさんです、作品を持って前に出てきてください。……。

(松岡宏明「『鑑賞会』あるある」、新関伸也／松岡宏明編著『ループリックで変わる美術鑑賞学習』三元社、二〇二〇年、三二頁より転載。)

いかがでしょうか。学生たちにこれを読ませると、「鑑賞会はそういうものだった」と口々に言いますし、「それが鑑賞会でしょ?」と、当然とばかりの反応を示します。異を唱える学生はまず、いません。

この鑑賞会は、実は「発表会」です。作者が自作の意味について語り、見どころを語り、工夫や苦労を語る。まさに発表です。そして、「作者がそういう意図で描いたのだから」、「そこを見てほしいと言っているのだから」、「そこを工夫したと言っているのだから」と、子供たちは子供たちなりに作者の思いを慮って、それをオウムのようにくり返します。作者が言っていることは「絶対」になりがちで、勝手に解釈してはいけないと無意識に自制することになります。そして、作品の意味はつくられず、ひろがらず、作者の想定内に留まってしまいます。アートは閉ざされ、作品は作者から独立していく機会を失います。

本来、鑑賞会は「鑑賞」会なのですから、主人公は「鑑賞者」であるはずです。見る人は作品を自由に見て、感じて、そこにアートを生み出すのです。学生たちに、アートは誰が起こすのかという、本章でここまで述べてきた話をすると、「自分が受けてきたのは鑑賞会ではなかった!」と、たちまち声が上がります。

先生は、描いたり、つくったりする際には子供たちに「自由にやりましょう」と語りかけることが比較的多いのですが(それはそれで問題があることは既に述べました)、なぜか見ることになると、その自由を奪ってしまっています。作者に語らせることで鑑賞会は鑑賞会でなくなり、「あれを描きなさい、これをつくりなさい」というのと同じ不自由を生んでしまっていることに気づかないのです。

ある学生は、小学校の図画工作の時間によくおこなわれた、作者が語り、鑑賞者がそれを受け止める鑑賞会について、「『これに何の意味があるんや』と小学生ながらに思っていました」とノートに書いていました。別の学生は、「説明する鑑賞会では、自分で自分の絵の価値や意味をもつ必要があり、自分の絵に自信がない私

4-2 作者が語らない鑑賞会

はとても嫌でした」と記していました。また別の学生は、「私は幼い頃から自分の工夫したことをしゃべらされ、それをほめられるだけのやり取りがとても嫌だった」と書いていました。

作者が語るのではなく、作品に語らせるようにしていくのが、鑑賞会です。鑑賞の楽しさとは、見ることで作品の意味を創造したり、作者の制作を追体験したりすることにあります。鑑賞会は、互いの見方・感じ方の違いを味わい合い、「そんな見方もいいね」、「確かにそう見えるね」と他者を受容し、新しい価値を発見していくことにその醍醐味があります。そして、作者自身さえも自作の見え方が変わり、新しい自分を発見する喜びを得るわけです。鑑賞会を、そんなダイナミックな活動にしていきたいものです。

図4-2は、ある保育園での鑑賞会の様子です。一人の子供が前に立って、作品をみんなに見せて

いますね。おそらく多くの方は、「この子が自分の作品について説明しているのだろう」と思われるでしょう。それは、鑑賞会とはそういうものだと無意識のうちにすり込まれているからだと思います。

実は、この写真の、前に立っている子供は何もしゃべりません。発表しません。自作を紹介したり、アピールしたりしないのです。

この保育園は、数年にわたって私が園内研修を担当して、鑑賞者が主人公になる鑑賞会が実現していきました。

先生は、作者である子供をみんなの前に立たせて作品をみんなに見せるように促したあと、「さあ、みんな、Aちゃんの作品についてお話してください」と投げかけます。そうすると、みんなのなかから次々と、「ここがいい」、「この色がきれい」、「ここが○○に見える」といった反応が出てきます。先生は、一つ一つ取り上げながら、「Aちゃんよかったね。Bくんはここがよかったって！　Cちゃんは色が素敵ってほめてくれたね。DちゃんはAちゃんの絵のなかに△△を見つけたんだって。本当だ、先生にもそう見えてきた！　いっぱいいいところを見つけてもらったね」と、Aちゃんに言葉をかけられます。それをみんなも聞いています。そして本人は、少し照れくさそうに、ニコニコと自慢気な表情を浮かべながら、心から満足して自席へ戻っていくのです。

そして次の子が前に立ちます。もちろん、また作者はしゃべりません。鑑賞者であるみんなが、その子の作品の意味、魅力をひろげていくわけです。みんなでアートを生み出すのです。作品は、見られるごとに素敵さをまとっていきます。とてもいい時間が流れます。

このような鑑賞会をしていたら、子供が、自分の作品を自分の考えとは違うように解釈されて怒ったりしないかという疑問をもたれる方がいらっしゃるかもしれません。そんなことはまったくありません。鑑賞会では、鑑賞者が作品の意味をつくっていくものだということが習慣化されると、それこそが自然な鑑賞会であるという意識が浸透していきます。

自分の作品を、かつて出会った先生が「アートにしてくれた」経験をもつ学生も多くいます。

幼稚園に通っていた頃、自分の描いた絵に対して、ほめてくださったり、「～に見えるね」などと声かけをしていただいたり、とても嬉しかった記憶がある。自分の描いた絵の正解を当ててほしいとは思わず、ただ単に先生にとってどのように見えたのか（アート）が知りたかったのだと思う。

鑑賞会を展開する保育者や初等教育者は、作品と作者と鑑賞者の関係、美術鑑賞とは何なのか、何のためにおこなうのかを理解した上で実践しなければなりません。小さな子供たちへの適切な鑑賞教育を展開するためには、中学生や高校生がその対象であるときよりも、さらに深い理解が求められるでしょう。小さな頃に植えつけられた間違いは、大人になったときの常識となってしまうかもしれないからです。

私は、大学の授業のなかにしばしば鑑賞会を組み込みますが、徹底して鑑賞者が主人公となってアートを生み出していく方法を採ります。

例えば、こんな活動です。作者がつけた作品のタイトルを記したカードを裏返しにして作品の横に置かせます。次に鑑賞者であるクラスメートが、作品だけを見てタイトルをつけ、新しいカードに記します。書き終わったら、作者のタイトルを確認して、自身がつけたタイトルのカードも裏返しにしてその横に置きます。タイトルをつける際には、自身の見方で見る自由が確保されます。次のクラスメートも同じことをくり返します。最終的に、たくさんの裏返しになったカードが一つの作品の周りに並びます。そして作者は、最後にそれらを一枚ずつ表に返して見ていって、自分の作品がどんなタイトルをクラスメートに想起させたかを確認します。自分の作品がたくさんのアートを生み出すことを実感します。学生たちの嬉しそうな笑顔といったらありません。

クラスメートの作品に対して口頭で「お話」をつくる活動もよくおこないます。作者は鑑賞会のファシリテーターに徹し、自分の作品について語らないようにするのです。作者は、自作を前に掲げて見せて、「この作品についてお話してください」とグループのメンバーに問います。メンバーが何かを話してくれたら、「それはどういう意味ですか?」、「どこを見てそう思いますか?」とたずね、メンバーのお話を掘り下げていきます。そして、「それから? それから?」と新たなお話の展開へといざないます。作者は自作の説明をしません。私は、「説明したくなってもしないように」と、注意すらします。

文章で「お話」をつくる場合もあります。クラスメートの作品を見て、小さな紙に「お話」を記して、それを作品の裏に貼りつけます。次の鑑賞者は裏を見ず、作品だけを見て、またお話をつくります。書き終わったら作品の裏を見て、前の鑑賞者がどんなお話をつくったか(どんなふうに作品を見たか)を確認し、その内容を楽しんだあと、その横に自分が書いたお話の紙を貼りつけます。これをくり返します。作品の裏側が、何人もの鑑賞者によるお話で埋め尽くされたあと、作者はそれらを読むのです。そのお話を読んでいるときの作者のワクワク感が、笑顔から伝わってきます。教室内には必ず歓声があがります。

ある学生はこんなふうにノートに書いていました。

みんながつくってくれたお話を読んで、自分の考えとはまったく違うストーリーを書いてくれていて、とてもおもしろかった。自分の意図とは異なっていても、自分のつくった作品をよく観察して、考えてくれたということがとても嬉しかった。子供たちが先生の反応を聞いて、嬉しそうにするのはこういうことだったのかと感じることができた。

作者の思いをあらかじめ知った上で作品を見ると、どうしてもそれがフィルターのように作品を覆ってしまいます。鑑賞者に「よく見てもらった」と作者が実感するのは、鑑賞者が作品を自分の目で見て、自分のものとして語ってくれたときなのです。それは作者にとっても大きな喜びとなります。

お話をつくる場合、「形や色、構成・配置に関する言葉をどこかに入れてお話をつくりましょう」とか、「喜怒哀楽などの感情に関する言葉を使ってお話をつくりましょう」とか、「五感に関する言葉を使ってお話をつくりましょう」という条件をつけることもあります。そうです、「反応の引き出し」（3・7参照）を使って、子供たちに対してするのと同じことをやってみるわけです。

また別の学生は、こんなことをノートに記していました。

私は、「何を描いたのかを正確に理解してあげるのが保育者である」と思い込んでいた。子供の描いたものと違う答えを言うと、きっと傷つけてしまうと思っていた。しかし、違う見方に触れて、どうしてそう思ったのか興味が湧くと同時に、自分の絵を真剣に見てくれたと嬉しくなるのだと、鑑賞会をとおして学んだ。この経験から、自分が見てほしいことを伝えさせる「発表会」にするのではなく、他の人がどう感じたのかを知ることができる「鑑賞会」を目指し、子供にとって刺激となる機会をつくってあげたいと思った。また、子供に対して私が感じたことを積極的に伝えてあげる決心がついた。

「子供の気持ちを大切にする」とよく言いますが、それが「作者の意図を間違いなく、正確に推しはかる」ことだと誤解されてしまっています。まずは鑑賞者が、自分の見方を大切にすることが重要です。それこそが、作者の制作を大切にすること、作者に敬意を表すること、つまり作者を大切に思うことなのです。

この学生の心強い「決心」が、近い将来、子供たちへの保育・教育に生かされていくことを念じて止みません。

エピローグ

保護者が…。園長や同僚が…。

園や小学校の先生を対象とした研修会で講演すると、話し終えたあと、私のところに駆け寄って来てくださる先生が時々いらっしゃいます。講演内容に共感してくださった様子で、それはたいへん嬉しいことではあるのですが、「先生のおっしゃることはわかりますし、私もそのとおりだと思うのですが」と前置きして、次のようなことをおっしゃいます。おおむね二パターンに分けられます。

一つは、保護者が作品の見映えを気にするので、いわゆる「上手」な作品を子供につくらせないとクレームが出るという悩みです。保護者の期待に応えるのが保育というサービスだろうと。

単に保護者の希望どおりにしてあげるのが、保育・教育におけるサービスではありません。「こっちは子供に関するプロだぞ」という自負をもちたいものです。保護者におもねって子供の幸せを二の次にする、そんな保育者はプロとは言えないですよね。保育や初等教育の専門性を自ら否定していることになります。

ひろくは知られていない、いえ、誤解されてさえいる小さな子供への教育のあり方をしっかりと保護者に伝えていくことは、保育者や初等教育者の重要な責務です。「子供」についても説明できなければなりません。子供の気持ちを代弁できなければなりません。正当な保育・教育について保護者を説得できなければなりません。もちろん、容易なことではありません。くり返し、少しずつでも実践を重ねていくほかないのです。

かつて私が、中学校の教師をしていた時に保護者から問われたことがあります。教師になって三年目（二十五歳）、自分の子供がまだいない頃のことです。「先生は、自分の子供を育てたことがないのに、子供のことがわかるのか」と。思わず私は言い返しました。「確かに自分の子供は育てていない。でも、これまでの二年間で、去年の三年生二百人、今年の三年生二百人、二年生二百人、一年生二百人の計八百人を見てきたし、見ている」と。今、考えるとたいへん偉そうな言い草ではありますが、学生時代に子供のことを学んだ上で、たとえ二年と言えど、子供のことをしっかり見てきた、子供についてのプロなのだということを主張したかったのだと思います。

世の中の大人は、そのほとんどが「子供」を学んだことなどありません。「かつて自分も子供だった」というだけで子供のことをわかったつもりでいます。子供は学び直さないとわからないのです。ですから、子供のことを学び直した保育者・初等教育者は、胸を張って保護者に子供のことを指南してあげてほしいと思います。先生一年目であろうが怯む必要はまったくありません（ちなみに、私が偉そうなことを言った保護者さんとは、その後長く、たいへん懇意にしていただきました）。

さてもう一つのパターンは、「一緒にクラスをもっている先生と考え方が違うので変えられない」、「この考え方を園に持って帰っても披露する場はない」といった、同僚や組織内の壁についての悩みです。また、「園長は保育のプロでもないのに、私たちの言うことに聞く耳をもたない。保育内容について無理解で、もっぱら関心は経営にある」というお話もよく聞かせていただきます。「トップがそう考えないので無理だ」というわけです。怒っておられます。

あるいは、保育現場に勤める卒業生から、「園の方針と伝統があって、先生（私）から学んだことを実践することを許してもらえない」といった嘆きを聞くこともたびたびです。葛藤はいかばかりかと思います。なんとか力になりたいと思っています。

事態を魔法のようにいっぺんに変えることはできません。まずは個人の実践と、その成果で勝負するほかありません。それを重ねながら、一方で組織的な変革への道を探っていかなければなりません。

ある教え子は、とある市の保育士になったのですが、卒業して何年か経って会ったときに、「私の市ではよくない造形教育がおこなわれています。なんとかしたいのですが、自分はまだ若すぎて何か言える立場ではないのです。どうすればいいでしょうか」と悩みを打ち明けてくれました。私は、「今は自分の実践で勝負しなさい」と答えました。子供たちの変化によって、自分の保育の正当性に説得力をもたせるのだ、と。

そして、また何年か経って彼女と会ったとき、彼女は前回と同じことを言うのです。その時の私の回答はもう変わっていました。「あなたはもう新人ではありません、中堅です。そろそろ組織を変えていく行動をとるのです。自分のことだけに集中するのではなく、園全体を変えるべく組織に働きかけるのです」と。

すると彼女は動きました。まずは園長に相談し、市に掛け合って、造形教育の職員研修を実現させたのです。私は講師で呼ばれ、五年間にわたって市の研修を担当しました。

その市には、公立保育園が三園ありました。公立の園は人事異動があるので、一園だけで研修をしていても効果が定着しません。そこで私は、各園から三名ずつ代表者に出てきてもらい、九名に対しての研修を提供しました。年に四回です。一回終わると宿題を出しました。学んだことを各園の先生方にひろげてくるという宿題です。そして次の回に課題を持ち寄り、新しいことを学んでもらい、またそれをひろげてくるという宿題を出します。宿題と言うとなんだかやらせている感満載ですが、先生方は実に積極的に取り組まれました。

次の年度には、各園からの代表者三名のうち、一人か二人、園内で入れ替わっていただきます。そしてまた新しい九名で研修をして、その先生方がまた各園に学びを持ち帰って、というのをくり返していきました。そうしているうちに、各園で、先生方だけで造形教育の研修をされるというところにまで発展しました。

そして五年目には、各園が、〇、一歳児クラスから年長クラスまでの、造形活動の年間指導計画をつくりあげるところにまで到達しました。年間指導計画があると、年度が変わって担当クラスの年齢が変わっても、そのクラスが前年度にどのようなことを経験しているかが把握できるので、指導がスムーズにいきます。また、人事異動があってもそれを見れば、前年度の造形活動のおおむねがわかるのです。

一人の力では、なかなか事態を変えることは難しくとも、手を携えれば、それは可能になっていくという一例です。組織的に動いていくことが重要です。そのために「私（あなた）」ができることを考えたいものです。内側から変化をもたらすのが困難な場合は、ときには外側（外部講師など）の力を借りるのもいいと思います。

「保護者が…」、「園長や同僚が…」、だからできないと考えない。大切な子供たちの幸せのために、少しでも骨を折るそのプロセスは、極めて価値ある営みです。

あとがき

世の中には「子供」と「大人」がいますが、私は、大人には「子供っぽい大人」と「いわゆる大人」、そして「子供を内在化させた大人」がいると考えています。そして「子供を内在化させた大人」こそが、小さな子供の美術教育を適切に実践できると思うのです。

「子供」は、まだ子供しか経験していないわけですから、自分が子供であることの素晴らしさ、優位性を自覚していません。子供である「今」の素敵さに気づいていません。ただそこに、子供としているわけです。子供たちは「早く大人になりたい」とさえ思っています。

「子供っぽい大人」はチャーミングではありますが、やはりときには困ったことにもなります。とくに子供に接することが仕事である保育者や初等教育者が「子供っぽい大人」ではいただけません。子供のことを理解できることと、子供っぽいことは正反対くらいに違います。

「いわゆる大人」は、自分と世界が完全に分離していて、世界との一体感に欠けています。視覚に偏っていて五感が働いていません。概念に縛られていて自由なものの見方や感じ方ができず、世界をあるがまま、ありのままにとらえることを忘れています。先を読む意識が邪魔をして「とにかくやってみよう」という姿勢がもてず、体験に対して億劫な気持ちを抱いています。目的、効率、計画に縛られ、何でも合理性だけで考えてしまい、「今」という豊潤な時のなかに溶けこむことができず、結果だけにとらわれて「過程」をかみしめることを忘れています。寂しいですね。保育者や初等教育者がこの状態では、子供たちと同じ時間を共有することなどできません。

「子供を内在化させた大人」とは、もちろん「子供」ではなく、「子供っぽい大人」でもなく、子供の世界をすっかり忘れてしまった「いわゆる大人」でもなく、「子供」と「大人」の境界線を、フットワーク軽く自覚的に行き来することができる大人です。世界と自分を一体化させ、五感をいつも起動させながら世界を感じ、概念から自由で、体験に開き、「今」を大切にできる。しっかり大人としても振る舞えて、自在に内なる子供を出し入れできる存在です。そんな大人たちが子供たちにいつも接していたなら、すべての子供たちにとってこの世界は、信じるに値するものになるでしょう。世界が信じられるとは自信がもてるということです。

保育者・初等教育者は、この「子供を内在化させた大人」でありたいと思います。そうすれば、子供のためになるだけではなく、自身も豊かでいられるのではないでしょうか。

子供に子供の美術を。

私は、小さな子供たちにとって大切な美術教育がうまく進められていないことが残念でならないのです。ぜひ、子供たちの絶対的な味方になりましょう。子供が、子供として、子供時代を、子供らしく過ごすことができるように、手を携えていきましょう。子供や子供の美術に対する大人のまなざしが祝福に満ちたものになることを心から願っています。

最後までお付き合いいただきまして、ありがとうございました。

なお、本書には、子供の作品や制作・鑑賞風景の写真および実践例を掲載しました。私が顧問をしていた造形教育研究会、講師を務めたり視察で訪れたりした学校・園、家族のものが中心です。関係のみなさまに厚くお礼申し上げます。また、教育雑誌に紹介した子供の作品や紹介文の転載を認めてくださった当該出版社さん、日頃から私の授業を楽しみにしてくれている学生のみなさんに感謝の気持ちでいっぱいです。そして誰よりも、子供たちに「ありがとう」。

前著『子供の世界 子供の造形』にひきつづき、本書も、三元社の山野麻里子さんに絶大なるお力添えをいただきました。感謝の気持ちを言い尽くせません。心からのお礼を申し上げます。

二〇二三年六月

松岡宏明

参考文献

秋田喜代美『保育のおもむき』ひかりのくに、二〇一〇年。

井島勉『美術教育の理念』光生館、一九六九年。

上野行一監修『まなざしの共有―アメリア・アレナスの鑑賞教育に学ぶ』淡交社、二〇〇一年。

内田樹『複雑化の教育論』東洋館出版社、二〇二二年。

片岡徳雄『子どもの感性を育む』日本放送出版協会、一九九〇年。

金子一夫『美術科教育の方法論と歴史』中央公論美術出版、一九九八年。

金子みすゞ著、矢崎節夫選『金子みすゞ童謡集　わたしと小鳥とすずと』ＪＵＬＡ出版局、一九八四年。

川村記念美術館他編『パウル・クレー――創造の物語』図録、東京新聞、二〇〇六年。

神林恒道『絵手紙と文人画』日本絵手紙協会、二〇一九年。

鬼頭秀一『自然保護を問いなおす――環境倫理とネットワーク』ちくま新書、一九九六年。

古東哲明『瞬間を生きる哲学――〈今ここ〉に佇む技法』筑摩選書、二〇一一年。

ゴンブリッチ、エルンスト・Ｈ『美術の物語』河出書房新社、二〇一九年（原書は一九五〇年）。

佐伯胖『幼児教育へのいざない――円熟した保育者になるために』東京

大学出版会、二〇〇一年。

坂崎乙郎『絵とは何か』河出書房新社、一九七六年。

サッチマン、ルーシー・A『プランと状況的行為──人間−機械コミュニケーションの可能性』佐伯胖監訳、産業図書、一九九九年。

佐藤一郎「見ること描くこと」、『岩波講座 教育の方法7 美の享受と創造』岩波書店、一九八八年。

椹木野衣『感性は感動しない──美術の見方、批評の作法』世界思想社、二〇一八年。

デュシャン、マルセル著、ミシェル・サヌイエ編『マルセル・デュシャン全著作』北山研二訳、未知谷、一九九五年。

豊田市美術館『観る人がいなければアートは存在しない！──対話による美術鑑賞の可能性について』美術館とガイドボランティア10周年記念誌、二〇〇八年。

中村二柄「総括」(第四五回日本美術教育学会学術研究大会京都大会)、『美術教育』第二七三号、日本美術教育学会、一九九六年。

中村二柄『美術史小論集──研究者の足跡』一穂社、一九九九年。

新関伸也／松岡宏明編著『ルーブリックで変わる美術鑑賞学習』三元社、二〇二〇年。

西野範夫「死と教育」(第五一回日本美術教育学会学術研究大会滋賀大会講演)、『美術教育』第二八五号、日本美術教育学会、二〇〇二年。

帚木蓬生『ネガティブ・ケイパビリティ──答えの出ない事態に耐える力』朝日選書、二〇一七年。

林健造『造形のたし算ひき算──わかりやすい造形指導』世界文化社、一九七六年。

藤江充「『美術すること』と感性教育」、山本正男監修、井上正作編集『感性の論理とその実践─1 美術教育の思想・方法・実践』大学教育出版、二〇〇四年。

ブルーム、B・S／ヘスティングス、J・T／マドゥス、G・F『教育評価法ハンドブック──教科学習の形成的評価と総括的評価』梶田叡一／渋谷憲一／藤田恵璽訳、第一法規出版、一九七三年。

ホッジ、スージー『5歳の子どもにできそうでできないアート──現代美術（コンテンポラリーアート）100の読み解き』田中正之日本語版監修、東京美術、二〇一七年。

本田由紀『教育は何を評価してきたのか』岩波新書、二〇二〇年。

松岡宏明「小学校における鑑賞学習指導の現状と課題」、『美術教育』第三〇〇号、日本美術教育学会、二〇一六年。

松岡宏明『子供の世界 子供の造形』三元社、二〇一七年。

松岡宏明「こどもの絵を聴く 小学生の部」、公益財団法人 美育文化協会『美育文化ポケット』第一四号、二〇一七年、同「幼児の部」第一七号、二〇一八年。

松岡宏明「保育者を対象とした幼児の造形を見ることに関する調査からの考察」、『美術教育』第三〇四号、日本美術教育学会、二〇二〇年。

松岡宏明「先生は、子供にとっていちばんはじめの、いちばんの鑑賞者」、日本美術教育学会「70周年記念論集」編集委員会編『未来につなぐ美術教育』日本美術教育学会、二〇二一年。

Davis, Jessica H., The "U" and the Wheel of "C": Development and Devaluation of Graphic Symbolization and the Cognitive Approach at Harvard Project Zero, Anna M. Kindler, ed., *Child Development in Art*, National Art Education Association, 1997.

著者紹介

松岡宏明［まつおか ひろとし］

1965年、京都府生まれ。大阪総合保育大学児童保育学部・同大学院児童保育研究科教授。博士（教育学）。

京都教育大学教育学部特修美術科卒業後、京都府内の中学校美術科教諭（その間に、京都教育大学大学院教育学研究科教科教育専攻美術教育専修修了）、島根県立島根女子短期大学専任講師・助教授、中京女子大学人文学部准教授、関西国際大学教育学部准教授・教授を経て現職。

専門は、美術教育、グラフィックアート。著書に、単著『子供の世界 子供の造形』、編著『ルーブリックで変わる美術鑑賞学習』、共著『日本美術101鑑賞ガイドブック』、『西洋美術101鑑賞ガイドブック』いずれも三元社、編著『美術教育概論（新訂版）』日本文教出版など。美術文化展などで入賞、入選多数。個展7回。

子供に子供の美術を

発行日　二〇二三年七月二〇日　初版第一刷発行

著　者　松岡宏明

発行所　株式会社 三元社
〒一一三-〇〇三三
東京都文京区本郷一-二八-三六 鳳明ビル
電話／〇三-五八〇三-四一五五
ファックス／〇三-五八〇三-四一五六

印　刷　モリモト印刷 株式会社

製　本　鶴亀製本 株式会社

ISBN978-4-88303-575-5
http://www.sangensha.co.jp